RADELZEIT IN & UM MÜNCHEN

Herrlich entspannte Touren zum Runterschalten & Genießen

Nadine Ormo

NADINE ORMO

ÜBER MICH

Der erste größere Radausflug führte mich an ein Getreidefeld zwei Kilometer außerhalb meines uckermärkischen Heimatdorfes. Damals war ich sechs und hatte mich klammheimlich und allein auf den Weg gemacht. Zurück kam ich mit einem Sträußchen Kornblumen für meine Mutti. Seither sind ungezählte Radkilometer ins Land gegangen. Ich lebe und arbeite inzwischen in München und erkunde noch immer gerne auf ausgiebigen wie kurzen Radtouren die Umgebung.

Meine persönliche Radelweisheit:

» **Wer langsam radelt, kann besonders viel erleben.**

LIEBE LESERIN, LIEBER LESER,

eine Radtour, egal wie kurz sie sein mag, ist eine wunderbare Auszeit vom Alltag. Geschickt ins Grüne gelegt und zu (noch) unbekannten (Etappen-)Zielen führend, kann sie selbst mitten aus der Stadt heraus wie ein Mini-Urlaub wirken: mit wärmender Sonne im Gesicht, dem Fahrtwind auf der Haut, ungewohnten Gerüchen in der Nase und neuen kleinen und großen Entdeckungen am Wegrand.

Jede der 20 entspannten Touren im Buch ist somit auch eine Einladung, immer wieder die Natur zu suchen, sie zu genießen und (noch) besser kennenzulernen. Denn nur, was wir kennen, können wir wertschätzen und bewahren.

Eine herrlich entspannte Radelzeit wünscht

INHALT

UND SONST SO?

UNTERWEGS AUF DEN SCHÖNSTEN STRECKEN …

IM HOPFENHIMMEL

» Fulminanter Tour-Auftakt: Zwischen hochrankendem Hopfen schaut ein Kirchturm hervor. Dem Reiz von Lohwinden kann sich kaum jemand entziehen. Tour1, kurz nach dem Start, S. 14

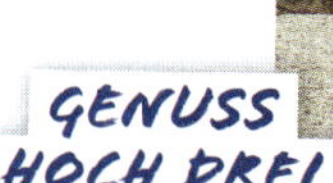

GENUSS HOCH DREI

» Radeln? Baden? Landschaft genießen? Oder doch am liebsten alle drei Dinge auf einmal? Am Kirchsee geht's. Tour 15, am Nord- und Westufer, S. 154

AUF ALTEN GLEISEN

» Bahntrassenradeln par excellence: Wo früher nahe der Vils der Zug nach Velden zuckelte, rollt es sich ganz besonders einfach. Tour 6, ab Taufkirchen, S. 64

MIT RAD, STIFT UND PAPIER

» Mit außergewöhnlichen Eindrücken geizt das Murnauer Moos nun wirklich nicht. Paradeblicke vor Gebirgskulisse gibt's beim Ähndl. Tour 13, entlang der Ramsach, S. 134

INDUSTRIE-GESCHICHTE PUR

» Prominent schiebt sich ein sechsstöckiges Werksgebäude aus rotem Backstein ins Bild – die Alte Spinnerei. Tour 7, in Kolbermoor, S. 74

EIGENWILLIG WILD

» Vom Schotterpisten-Damm über den Speichersee lassen sich ziemlich gut Vögel beobachten. Tour 9, über den Speichersee nach Markt Schwaben, S. 94

DER HORIZONT, SO WEIT

» Ganz ohne großes Tam-Tam kommt das hügelige Dachauer Hinterland immer wieder charmant daher. Tour 19, in den Feldern bei Wagenried, S. 194

ALLE TOUREN IM ÜBERBLICK

Mainburg
Dingolfing
GRÜNES GOLD
Landshut
nhofen an der Ilm
AB INS GRÜNE #4
Moosburg an der Isar
Vilsbiburg
Freising
Neumarkt-Sankt Veit
Erding
STIPPVISITEN #8
Dorfen
#6 BAHNTRASSENRADELN
Waldkraiburg
Speichersee
#2 KANÄLETOUR
#5 OLYMPISCHE SPUREN
#9 RAUS AUS DER STADT
nterhaching
Grafing bei München
Wasserburg am Inn
LANDPARTIE #10
Traunreut
#7 KLEIN & KRAFTVOLL
#15 ZUM BADEN VERFÜHRT
Chiemsee
Prien am Chiemsee
Rosenheim
Simssee
tsried
Holzkirchen
Tegernsee
ÖSTERREICH
Kufstein

... UND AUCH PAUSE MACHEN NICHT VERGESSEN

AM WASSER

» An den Sieben Rippen: Pittoresk wölbt sich der dicke Ast eines umgestürzten Baumes zur Isar, die um Steinbrocken herumschnellt. Einfach eine Weile die Szenerie aufsaugen. Tour 4, Stopp 3, S. 49

BANK-BLICK

» Raus aus dem Sattel, rein ins Wasser! Smaragdgrün, kobalttürkis, topasfarben – am Großen Ostersee greift Oberbayern enthusiastisch in den Aquarellkasten. Tour 14, Stopp 5, S. 150

AB AUF DIE WIESE

» In der Stadt und doch wunderbar grün. Auf den großen Wiesen rund um Schloss Blutenburg ist ein Platz zum Sich-ins-Gras-Fläzen schnell gefunden. Tour 2, Stopp 5, S. 30

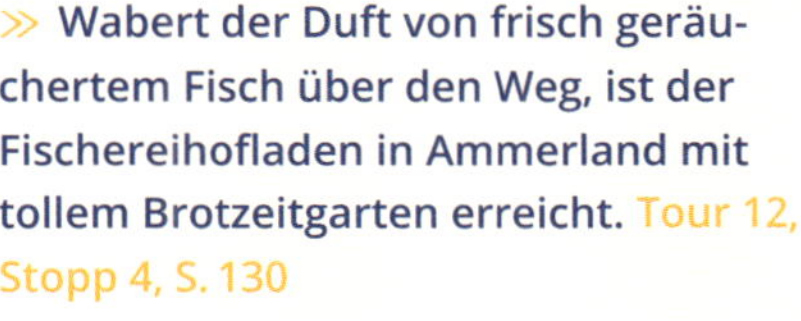

» Wabert der Duft von frisch geräuchertem Fisch über den Weg, ist der Fischereihofladen in Ammerland mit tollem Brotzeitgarten erreicht. Tour 12, Stopp 4, S. 130

» Zwischen riesigen Hightech-Satellitenschüsseln wirkt das altehrwürdige Kirchlein St. Johannes der Täufer wie ein Gnom. Ein herrlich stiller Pausenplatz. Tour 11, Stopp 6, S. 121

» Auf einem kleinen Strand an der Regattastrecke anderen entspannt beim Rudern zuschauen und dabei den Sonnenuntergang mit einem kühlen Getränk in der Hand genießen. Tour 5, Stopp 6, S .61

» Zen zwischen Bäumen. Ein Hauch Ostasien und ganz viel Augenblick lässt sich an der Pagode im Weltwald Freising spüren. Tour 3, Stopp 5, S. 40

EINFACH LOSRADELN

DIE RADELPAUSEN

» START
Bahnhof Rohrbach (Ilm)

KM 1,5
1 Lohwinden
Kleine Wallfahrt

KM 5
2 Wolnzach
Rund um den Hopfen

KM 12,5

Winterlinde bei Geisenhausen
Schattiges Plätzchen

1 GRÜNES GOLD

Zwischen Rohrbach und Pfaffenhofen

Tagelang ließe es sich kreuz und quer durch die Holledau radeln, ohne dass man der Anblicke müde würde. Links und rechts, vor und hinter einem: Ständiger Begleiter ist im Sommer der Hopfen. Eine Stippvisite in einer ganz besonderen Ecke Bayerns.

KM 21
4 Bei Niederthann
Einfach mal probieren

KM 32
5 Scheyern
Genussvolle Pause

KM 39
6 Altstadt Pfaffenhofen
Für den süßen Zahn

KM 40,5 » ZIEL
Bahnhof Pfaffenhofen (Ilm)

AUF HOPFEN-KURS

Die hügelige Holledau gibt, wenn man so will, ein Rennrad-Dorado par excellence ab – eine sanft gewellte Landschaft, durchzogen von schmalen Landstraßen, die recht wenig befahren oder aber von separaten Radwegen begleitet sind.

Mit dem Rennrad ist man durch Ortschaften wie **Lohwinden** allerdings schon wieder hinausgesaust, kaum dass man seine pittoreske Lage wirklich wahrgenommen hat. Die Lösung: einen Gang runterschalten. Oder es von vornherein ganz gemütlich angehen, etwa mit einem Tourenrad oder Ähnlichem.

HÄNGEN DIE DOLDEN DICHT AN DICHT, WABERT AUCH DER HOPFEN-DUFT SCHWER ÜBER DEN FELDERN

Rund um **Wolnzach** kann man im Hochsommer schon mal ins Grübeln kommen, ob man sich nicht irgendwann verliert zwischen den Hopfenfeldern, die hier Hopfengärten heißen. Regelmäßig ausgerichtete Holz- und Betonpfosten ragen weit in den Himmel, dazwischen ist ein Drahtgeflecht gespannt. An ihm befestigen die Bauern im April die jungen Hopfenpflanzen, und bald schießen diese in einem atemberaubenden Tempo in die Höhe. Bis zu 30 Zentimeter pro Tag sind ohne Weiteres drin. Und so meint man fast, dem Hopfen beim Wachsen zusehen zu können. Nach zwei Monaten setzt er Blüten an, Dolden bilden sich. Bis Ende August klettert er auf sieben Meter hinauf, dann beginnt traditionell die Ernte.

Bierbrauer nennen den Hopfen »grünes Gold« und kamen mit ihm einst zu Wohlstand, der sich auch an ihren Häusern erahnen lässt. Über die Zeiten sind die Menschen recht behutsam mit dieser besonderen Kulturlandschaft umgegangen und haben dabei auch alte Naturdenkmäler wie die **Winterlinde bei Geisenhausen** erhalten.

Durch kleine Orte wie Schweitenkirchen, **Niederthann** und Entrischenbrunn radelnd, zeichnet man einen Bogen mitten durch dieses größte Hopfenanbaugebiet der Welt, bis **Scheyern** erreicht ist. Hopfen spielt auch dort seit jeher eine zentrale Rolle, schließlich ist er eine der Zutaten des hiesigen Klosterbiers. Dieses also probieren? Oder doch nur eine Runde durch den Innenhof des Klosters schieben, bevor sich die letzten Kilometer nach **Pfaffenhofen** fast von alleine rollen? «

Ursprünglich in Nordamerika beheimatet, heute auch in der Holledau zu Hause: Aroniabeeren.

Aus manchen Blickwinkeln scheint es, der Hopfen würde die Kirchen der Holledau überranken.

(Früh-)Sommerbote: Wenn der Klatschmohn blüht, sind die Tage endgültig lang und warm.

Radeln & Genießen

»START

Bahnhof Rohrbach

Zur Hauptstraße und dort nach links, über die große Kreuzung dem Radwegschild folgen.

KM 1,5

1 Lohwinden

Kleine Wallfahrt

Klein und prunkvoll – die Wallfahrtskirche in Lohwinden.

Lohwinden, ein malerisches Kirchdorf mit zwei Höfen und ein paar Häusern, sorgt für den fulminanten Auftakt dieser Runde. Dem Reiz des Ortes, umgeben von Hopfenfeldern, kann sich kaum jemand entziehen. Die Überlieferung erzählt, dass im 17. Jahrhundert ein stummer Hirtenjunge an einem Marienstandbild gebetet habe und kurz darauf sprechen konnte. Daraufhin pilgerten die Menschen aus der Umgebung in der Hoffnung auf ein ganz eigenes Wunder hierher, und bald war auch eine erste Kapelle gebaut.

Glaube hin oder her, ein Blick in die Wallfahrtskirche ist jederzeit möglich. Danach den Dorfweiher rechts liegen lassen und nun ein wenig in die Pedale treten.

Bergauf in den Wald, kurz vor der Kreuzung mit der Hauptstraße eher rechts halten und der Radwegausschilderung folgen.

In Wolnzach etwas Zeit mitbringen, um ins Deutsche Hopfenmuseum zu schauen!

Auf etwa 400 Jahre wird die altehrwürdige Winterlinde bei Geisenhausen geschätzt.

KM 5

Wolnzach
Rund um den Hopfen

Wolnzach ließe sich gewissermaßen als Epizentrum des Hopfenanbaus bezeichnen. Schließlich finden sich dort das Deutsche Hopfenmuseum (www.hopfenmuseum.de) und auch das Hopfenforschungszentrum (www.hopfenforschung.de), die weltweit wichtigste Forschungseinrichtung rund um die bedeutsame Bierzutat. Hier werden auch Zuchtsorten veredelt und weiterentwickelt.
Hübsche, wenngleich meist zurückhaltend wirkende, giebelständige Häuser säumen den Marktplatz von Wolnzach und die anschließenden Straßen. Das heutige, grün getünchte Rathaus war früher mal eine Schrannenhalle, wohin die Bauern mit Pferdegespannen den Hopfen brachten, ihn wogen, siegelten und lagerten.

Nach Süden Spange 5 des Hopfenradwegs bis Geisenhausen folgen. Kurz vor dem Ortseingang die Straße links nehmen.

KM 12,5

3

Winterlinde bei Geisenhausen
Schattiges Plätzchen

Sie ist kaum zu verpassen: Bald, nachdem es bei Geisenhausen scharf nach links geht, ragt die mächtige Winterlinde über dem Hopfen empor. Mit ihrem dichten Blattwerk kreiert sie einen von Natur aus schattengekühlten Platz, bestens geeignet für eine kleine Trink- und Verschnaufpause.
Auf etwa 400 Jahre wird sie geschätzt. Ihr Stamm ist schon mehrfach auseinandergebrochen und in der Mitte hohl, fast wirkt es, als wären hier fünf Bäume aus einem gewachsen. Der Umfang der Winterlinde: mehr als neun Meter.

Weiter nach Schweitenkirchen. Ab hier würde manchmal ein Wegweiser mehr helfen. Jedenfalls geht's hinter Schweitenkirchen rechts und unter der Autobahnbrücke hindurch. In Niederthann das Sträßchen links nach Streitberg und Entrischenbrunn erwischen.

Kurz vor der Ernte steht der Hopfen hoch und die Dolden hängen schwer.

KM 21

4 Bei Niederthann
Einfach mal probieren

Nur die weiblichen Hopfenpflanzen entwickeln ab Juni die typischen zapfenförmigen Blütenstände, sogenannte Dolden, die ein wenig an Ähren erinnern. Läuft der Sommer gerade zu seiner Hochform auf, dann lässt sich mühelos der schwere Hopfengeruch wahrnehmen, der über die Hügel hinweg wabert. Aber auch schon probiert, wie das Ganze schmeckt? Spätestens hier wäre der Moment, an einer geeigneten Stelle mal ganz nahe an den Hopfen heranzutreten. Dann vorsichtig ein einzelnes Blatt einer Dolde abzupfen, in den Mund nehmen, vielleicht ein wenig kauen – und auf die Geschmacksexplosion warten. Fast meint man, man würde ein aromatisches Craft Beer trinken. Oder ist der Hopfen doch noch nicht so weit?

In Ilmmünster gleich hinter der Kurve auf die Radwegausschilderung nach links achten. So lässt sich die steile Hauptstraße harmlos umfahren. Hinter dem Ort gelangt man auf dem straßenbegleitenden Radweg nach Scheyern.

KM 32

5 Scheyern
Genussvolle Pause

Ganz ursprünglich stand an dieser Stelle mal eine Burg. Diese war eng mit dem frühen Herrscherhaus der Wittelsbacher verbunden, eines der ältesten deutschen Hochadelsgeschlechter, das Bayern entscheidend geprägt hat. Nach deren Wegzug übernahmen die Benediktiner die Gebäude und gründeten ein Kloster nebst Brauerei. Seit dem 16. Jahrhundert existiert hier eine Tafernwirtschaft, später kamen Werkstätten und Stallungen hinzu. Die ansehnliche Anlage ist beeindruckend, und man kann hier gut eine Runde zu Fuß durch den Innenhof gehen. Vielleicht ja als kleiner Verdauungsspaziergang nach der Einkehr im Biergarten.

Zum Abschluss bergab nach Pfaffenhofen rollen. Das letzte Stück wird besonders grün, wenn man hinter Mitterscheyern rechts in die Straße Zur Mühle abbiegt. Nach 100 Metern links und dem Bachlauf folgen.

Fleisch oder vegetarisch? – Im kleinen, lauschigen Biergarten am Kloster Scheyern eine gleichermaßen gute Wahl.

Es lässt sich gut aushalten auf dem hübsch herausgeputzten Hauptplatz in Pfaffenhofen.

EXTRA INFOS:

Hopfen hoch fünf: Erscheint diese Stippvisite plötzlich gar zu kurz, lassen sich die Sträßlein und Hopfenhügel der Holledau auf einer ausgedehnteren Tour erkunden. Dazu auf einer 170-Kilometer-Runde der abwechslungsreichen Hallertauer Hopfentour (www.hopfenlandhallertau.de > Erleben > Tourentipps > Hallertauer Hopfentour) folgen. Für individuell kürzere Querbindungen sind zusätzlich fünf Spangen ausgeschildert. Oder man radelt ganz nach eigenem Gusto.

KM 39

6 Altstadt Pfaffenhofen

Für den süßen Zahn

KM 40,5 » ZIEL

Bahnhof Pfaffenhofen (Ilm)

In den letzten Jahren floss einiges an Geldern, um den Charme der Pfaffenhofer Altstadt herauszupolieren: Der Hauptplatz ist seit 2010 wieder gepflastert und ein Teil seither allen Zu-Fuß-Gehenden vorbehalten. Auf Bänken lässt sich ein wenig sitzen und schauen, während Kinder bei Sommerwetter ihren Spaß an den Wasserinstallationen auf dem Markt haben. Und rundum erstrahlen immer mehr Fassaden in frischen Farben. Vor dem Rathaus ist die Wahrscheinlichkeit groß, jemanden mit einer Eiswaffel zu entdecken. Entweder kommt die vom Café Hipp (www.haus-hipp.de) auf der nördlichen Platzseite. Oder mit noch größerer Wahrscheinlichkeit von dem Eisladen, der sich ziemlich unprätentiös hinter dem Rathaus versteckt. Die lange, aber zügig bediente Schlange an warmen Tagen spricht jedenfalls Bände.

Am kleinen Kreisverkehr an der Ilm in die Münchner Straße, die direkt zum Bahnhof führt.

Zum Abschluss der Radel-Tour eine Kugel Eis gefällig? Oder zwei?

AUF EINEN BLICK

- **Start:** Bahnhof Rohrbach (Ilm)
- **Ziel:** Bahnhof Pfaffenhofen (Ilm)
- **Strecke/reine Radelzeit:** 40,5 km (Streckentour), 3 Std. 15
- **Höhenmeter:** ↗299 m, ↘267 m
- **Wegbeschaffenheit:** Überwiegend Asphalt; im Park am Gerolsbach in Pfaffenhofen kurzes Stück feiner Schotter.
- **Beste Zeit:** Vor allem Ende Juni bis Ende August, wenn der Hopfen schnell wächst und die Dolden schwer hängen.
- **Mitnehmen:** Ein Rad mit ein paar Gängen ist empfehlenswert. Ein Fläschchen Wasser.

AB DURCHS GRÜN

Altstadt Pfaffenhofen 6

ZIEL Bahnhof Pfaffenhofen

VORBEI AN EINER ARONIA-PLANTAGE

Scheyern 5

0 1 2 km

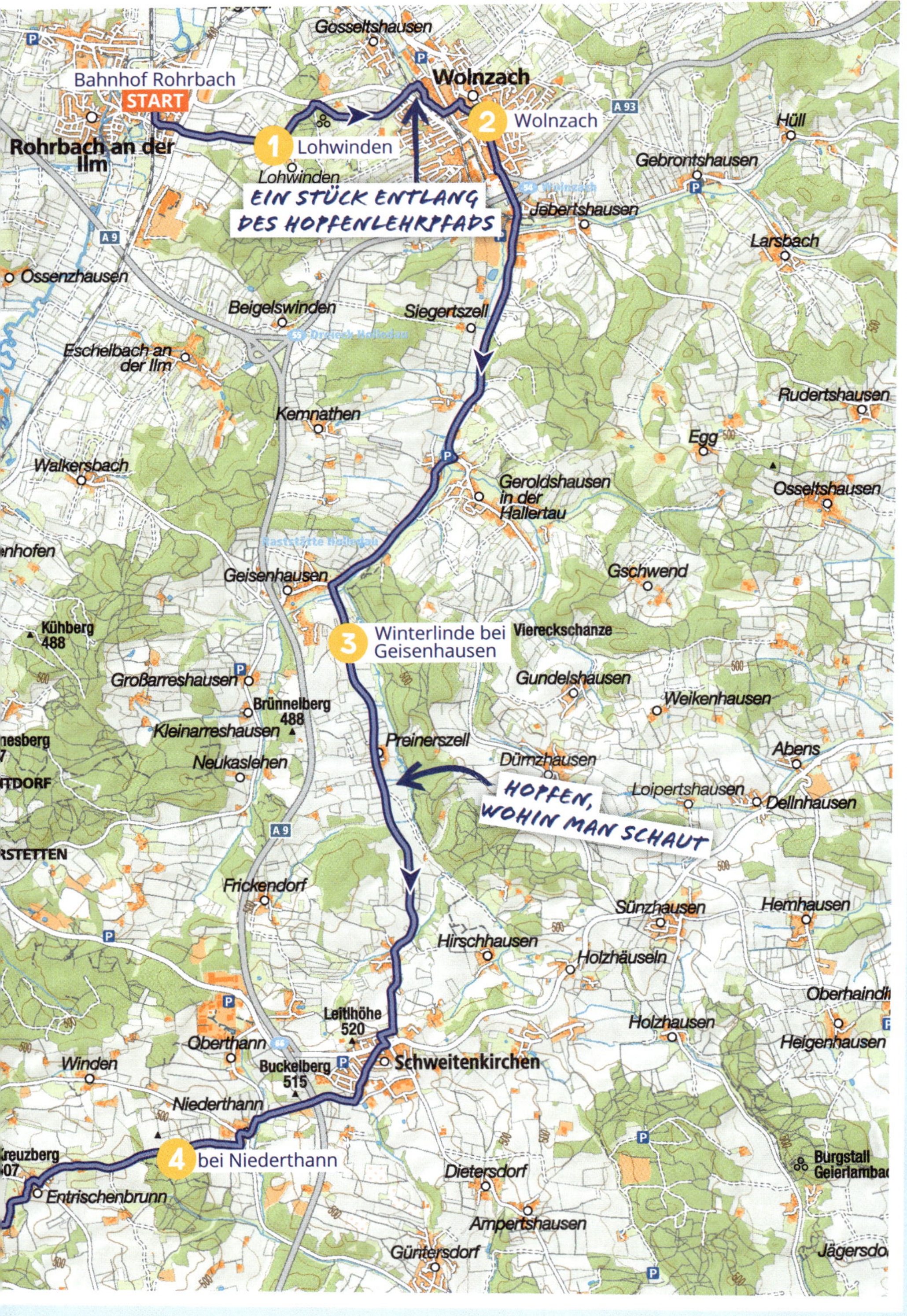

Bahnhof Rohrbach
START
Rohrbach an der Ilm
1 Lohwinden
Gosseltshausen
Wolnzach
2 Wolnzach
EIN STÜCK ENTLANG DES HOPFENLEHRPFADS
Lohwinden
A 93
Hüll
Gebrontshausen
Jebertshausen
Larsbach
A 9
Ossenzhausen
Beigelswinden
Siegertszell
Eschelbach an der Ilm
Kemnathen
Rudertshausen
Egg
Walkersbach
Geroldshausen in der Hallertau
Osseltshausen
Gschwend
Geisenhausen
3 Winterlinde bei Geisenhausen
Viereckschanze
Kühberg 488
Großarreshausen
Gundelshausen
Weikenhausen
Brünnelberg 488
Kleinarreshausen
Neukaslehen
Preinerszell
Dürnzhausen
Abens
HOPFEN, WOHIN MAN SCHAUT
Loipertshausen
Dellnhausen
Frickendorf
Sünzhausen
Hemhausen
Hirschhausen
Holzhäuseln
Leitlhöhe 520
Holzhausen
Oberthann
Schweitenkirchen
Heigenhausen
Winden
Buckelberg 515
Niederthann
4 bei Niederthann
Entrischenbrunn
Dietersdorf
Ampertshausen
Güntersdorf

DIE RADELPAUSEN

» START
S-Bahnhof Unterföhring

KM 4,5
1 Fröttmaninger Berg
Über die Stadt blicken

KM 13,5
2 Schloss Lustheim und Schleißheim
Lustwandeln im Park

KM 19,5

Eishüttenplatz
Brotzeitpause

2 KANÄLE-TOUR

Von der Isar an die Würm

Gefragt nach einem Ort mit besonders vielen Kanälen, fällt einem wohl nicht zwingend gleich München ein. Und doch: Im Norden der Stadt fließt bis heute das Wasser in einem für Mitteleuropa einzigartigen Kanalsystem.

KM 30

4 Friedhof Untermenzing
Auf dem Holzsteg

KM 32

5 Schloss Blutenburg
Für Leseratten und Himmelsgucker

KM 34

6 Kanalwärterhäuschen
Wasser abzwacken

KM 34,5 » ZIEL
Bahnhof München-Pasing

IM BOGEN UM DIE STADT

Schon in der Stadt stößt man ganz unweigerlich immer wieder auf das Kanalsystem: Da ist der Nymphenburger Kanal, auf dem sich in kalten Wintern Eisstockschießen lässt. Dann der Nymphenburg-Biedersteiner Kanal, seit der Olympiade 1972 (Tour 5) zum Olympiasee erweitert, der wie eine Klammer Würm und Isar verbindet. Die andere große Klammer entdeckt man am nördlichen Stadtrand. Genau dort befinden sich mit etwa 400 Jahren auch die ältesten Teile des Nordmünchner Kanalsystems.

GLITZER, GLITZER: DAS SPIEL DER SONNENSTRAHLEN AUF DER WÜRM VERLOCKT IMMER WIEDER ZU PAUSEN

Gut zu erkunden ab Unterföhring: In nächster Nähe der Isar liegt der heutige Anfang des Schleißheimer Kanals. Ganz nebenbei ergibt sich aber erst einmal die Chance, vom **Fröttmaninger Berg** aus einen eher ungewohnten Blick auf München zu erhaschen. Doch dann geht's los, ziemlich grün und im Grunde immer am Wasser entlang, direkt bis zum **Schloss Lustheim** und nach Schleißheim.

Nachdem Kurfürst Max Emanuel nach dem Dreißigjährigen Krieg in Schleißheim die Vision eines bayerischen Versailles mitten in der Münchner Schotterebene verfolgte, versorgte der Schleißheimer Kanal die repräsentative Anlage mit Wasser. Praktischer Nebeneffekt: Materialien, die zum Bau benötigt wurden, konnten vergleichsweise einfach herangeschafft werden.

Wie verschieden die Anmutung der künstlich angelegten Wasserläufe an unterschiedlichen Stellen ist, lässt sich bei einem Spaziergang im Schlosspark und später bei einer Pause am **Eishüttenplatz** am Würmkanal erspüren. Zum einen hochherrschaftlich, zum anderen fast schon wild. Und hier wie da geht von den Kanälen und Bächen ein ganz eigener Zauber aus.

In Karlsfeld ist die Würm erreicht, ab dort wird's immer wuseliger. Kein Wunder, schließlich radelt man stadtnah in ganz viel Natur, zudem findet sich noch Geheimnisvolles wie **am Friedhof Untermenzing** und Verlockendes wie der Biergarten Inselmühle oder die Wiesen rund um **Schloss Blutenburg**. Daher ein kurzer Blick auf den Kilometerstand: Das Ziel in Pasing, wo am **Kanalwärterhaus** der Würm Wasser abgenommen wird, ist nah. Und so können's ohne Weiteres auch zwei Pausen oder mehr sein. «

RADELN & GENIEßEN

Toolkit vergessen? Kein Problem – am S-Bahnhof Unterföhring gibt's eine Fahrrad-Reparatur-Station.

» START

S-Bahnhof Unterföhring

Vom Bahnhof (der S-Bahn stadtauswärts folgend) den Tunnelweg nehmen. Über den Mittleren Isarkanal, dann links der Radausschilderung zum Isarsteg nach und bald Richtung Allianz Arena und Fröttmaning.

KM 4,5

1 **Fröttmaninger Berg**

Über die Stadt blicken

Es war einmal eine Mülldeponie ... Aber diese Zeiten sind längst vorbei, und so ist es durchaus attraktiv, kurz mal den Fröttmaninger Berg zu umrunden. Der Blick fällt dabei auf eine kleine Kirche, die halb verschüttet scheint. Mit ihr hat es eine ganz besondere Bewandtnis, denn sie ist die junge Doppelgängerin der Heilig-Kreuz-Kirche, das älteste Bethaus auf heutigem Münchner Stadtgebiet. Diese nun gehörte zum Weiler Fröttmaning und schaut heute noch ein Stück weiter nördlich aus den Bäumen heraus. Der Weiler mit drei Höfen musste in den 1950er-Jahren weichen, um Platz für Autobahn, Klärwerk und Mülldeponie zu machen.

Im Vorfeld der Fußballweltmeisterschaft 2006 wurde die Deponie grün, ein Windrad kam auf den Berg. Und von der Kuppe öffnet sich ein imposanter ungewohnter Blick über die Stadt.

Vom Fröttmaninger Berg bieten sich ungewohnte Blicke auf München und ins Umland.

Straßenbegleitend – mit Abstecher zum Schleißheimer Kanal – nach Dirnismaning, über die Autobahnbrücke, dann rechts und ab dem Schleißheimer Kanal der weiteren Ausschilderung nach Oberschleißheim folgen.

KM 13,5

2 Schloss Lustheim und Schleißheim
Lustwandeln im Park

An einem kleinen Parkplatz geht's durch eine Gartenpforte und damit durch die hohen Backsteinmauern. Als Kurfürst Max Emanuel die österreichische Kaisertochter Maria Antonia heiratete, ließ er flink das Jagd- und Gartenschlösschen Lustheim (www.schloesser-schleissheim.de > Schloss Lustheim) erbauen. Später dann hatte er eine noch größere Idee. Das Neue Schloss Schleißheim sollte Anfang des 18. Jahrhunderts nach seiner Vorstellung das Neue Versailles werden. Der Spanische Erbfolgekrieg, das langjährige Exil des Kurfürsten und finanzielle Engpässe verhinderten diese großspurigen Pläne zwar, pompös ist die Architektur dennoch. Wo einst Freiluft-Konzerte und -Schauspiele zur Aufführung kamen, kann man heute wunderbar lustwandeln und den Schlosspark Schleißheim in seiner ganzen Länge genießen.

Am Neuen Schloss den Park wieder verlassen, an der Schlosswirtschaft vorbei durch den Wilhelmshof Richtung Regattasee. Noch vor dem See nach Süden Richtung Würmkanal.

Absteigen und Lustwandeln heißt es im Schlosspark Schleißheim.

KM 19,5

3 Eishüttenplatz
Brotzeitpause

An diesem Ort stand früher eine Hütte. Arbeiter nutzten sie, um sich aufzuwärmen, wenn sie im Winter das Eis auf dem Würmkanal zerschlagen hatten. Diese Arbeit musste – noch dazu im Wasser stehend – erledigt werden, weil nur so Überschwemmungen zu vermeiden waren. Es ist eine heikle Stelle: Zwischen Schloss Schleißheim und dem Eishüttenplatz wirkt der Würmkanal ähnlich wie ein Stausee, und das Wasser, das in die Schlossanlagen fließt, kann reguliert werden. Heute befindet sich am Kanal eine Bank; gut die Hälfte des Wegs ist geschafft und so lässt sich hier durchaus eine Brotzeitpause abseits von Biergärten einlegen.

Entlang des Würmkanals (einmal macht der Radweg einen kleineren Schlenker) nach Karlsfeld, dort unter der Bahn hindurch und links der Würm der Radausschilderung bis Untermenzing folgen.

Lang und schattig führt dieser Holzsteg in Untermenzing über die Würm.

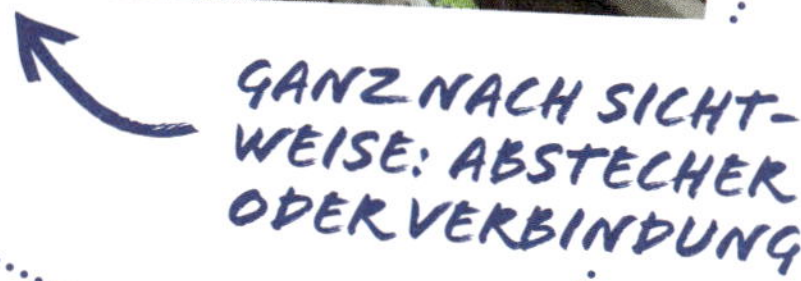

KM 30

Friedhof Untermenzing

Auf dem Holzsteg

Links des Wegs zieht ein überdachter Holzsteg die Aufmerksamkeit auf sich und gibt sich ein wenig geheimnisvoll. Er führt über die Niederungen an der Würm – und mitten auf den Friedhof Untermenzing. Etwas ungewohnt wirkt eine derart positionierte Anlage.

Schon im 13. Jahrhundert stand hier eine kleine romanische Kirche, auf deren Resten 1499 die heutige Kirche St. Martin errichtet wurde. Der größere Teil des heutigen Friedhofs befindet sich aber auf der anderen Würmseite und wurde in den 1950er-Jahren angelegt.

Der Radausschilderung nach Blutenburg folgen, zunächst links der Würm, dann am Alten Wirt Obermenzing die Flussseite wechseln und direkt weiter zur Blutenburg.

Der Name klingt an warmen Sommertagen nach Erfrischung: Eishüttenplatz.

Tiefenentspannt: Am Schloss Blutenburg eine Weile auf die Wiese lümmeln.

KM 32

5

Schloss Blutenburg

Für Leseratten und Himmelsgucker

Wasserspielplatz an der Würm – nicht nur bei Kindern ein beliebter Ort.

Die Würm umschließt das ehemalige Jagdschloss, in dem sich heute alles um Bücher dreht. Denn es beherbergt seit 1983 die Internationale Jugendbibliothek (www.ijb.de) mit Kinder- und Jugendbüchern aus der ganzen Welt. Zur Bibliothek gehören das Michael-Ende-Museum, der James-Krüss-Turm und das Erich-Kästner-Zimmer, in denen neben den Werken der Kinderbuchautoren auch Tagebücher, Briefe und persönliche Gegenstände gezeigt werden. Eine weitere Ausstellung ist der Illustratorin Binette Schroeder gewidmet.

Draußen auf der Wiese erfährt man von all dem nicht viel. Stattdessen kann man es an einem warmen Tag den vielen anderen gleichtun und sich auf die Decke oder direkt ins trockene Gras fläzen, etwas lesen oder einfach in den Himmel schauen und die Wolken beim Vorbeiziehen beobachten.

Weiter nach Süden, Pasing ist bald ausgeschildert. Zum Schluss noch unter der Bahnbrücke hindurch, um die Grünanlage am Manzingerweg herum und auf die Würmbrücke in der Bodenseestraße.

KM 34

6 Kanalwärterhäuschen
Wasser abzwacken

Von der Brücke aufs Wasser schauend, hat man genau die Stelle im Blick, an der für den Nymphenburger Kanal Wasser aus der Würm abgezwackt wird und von hier aus nach Schloss Nymphenburg gelangt. Akribisch überwacht und reguliert hat das alles einst ein Kanalwärter.
Die schmale Landspitze, auf dem sein wenige Quadratmeter großes Kanalwärterhäuschen steht, gibt sich als kleines Idyll. Mehrere große Birken spenden Schatten und entlang des Ufers leuchten durch die Monate immer wieder andere Blumen.

Über Manzingerweg und Irmonherstraße direkt zum Bahnhof Pasing.

EXTRA INFOS:

Guter Service: Klar, ein wenig Flick- und Werkzeug sollte im Grunde immer mit dabei sein. Weil's aber oft dann doch anders kommt und mitunter schon am Start noch ein Schräubchen nachgezogen werden will oder die Reifen etwas Luft vertragen könnten: Direkt am Bahnhof Unterföhring gibt's an der Radelpumpstation Werkzeug und Pumpe.

Noch mehr Infos zu Schloss Blutenburg und anderen Residenzen, Schlössern und Burgen auf www.schloesser.bayern.de.

KM 34,5 » ZIEL
Bahnhof München-Pasing

ZWISCHEN DIE WASSER GEBAUT

Das Kanalwärterhäuschen ist das eigentliche Ziel dieser Radeltour.

Schloss Dachau
MITTERNDORF
Dachau
OBERAUGUSTENFELD
B 471
Badersfeld
Mückensee
Schwarzhölzl
Regattasee
A 92
ROTHSCHWAIGE
Karlsfelder See
Eishüttenplatz
3
B 304
Karlsfeld
Waldschwaigsee
Würmkanal
Hauser Schloss (Gilmer Schloss)
LUDWIGSFELD
A 99
FELDMOCHING
Feldmochinger See
A 99a
Birkensee
Lußsee
Fasanerie
FASANERIE
Landschaftssee Allacher Lohe
ALLACH
VORBEI AM BIERGARTEN INSELMÜHLE
MÜNCHEN
A 8
LANGWIED
LOCHHAUSEN
4
Friedhof Untermenzing
UNTERMENZING
MOOSACH
A 99
5
Schloss Blutenburg
GERN
OBERMENZING
Pagodenburg
NYMPHENBURG
AUBING
PIPPING
Amalienburg
NEUHAUSEN
Badenburger See
N
ZIEL
Bahnhof München-Pasing
6
Kanalwärterhäuschen
0
1
2 KM
St. Gabriel
Salvatorianer-Niederlassung
LAIM

AUF EINEN BLICK

- **Start:** S-Bahnhof Unterföhring
- **Ziel:** Bahnhof München-Pasing
- **Strecke/reine Radelzeit:** 34,5 km (Streckentour), 2 Std. 30
- **Höhenmeter:** ↗53 m, ↘30 m
- **Wegbeschaffenheit:** Asphalt und feiner Schotter wechseln sich ab.
- **Beste Zeit:** Sobald die Biergärten geöffnet sind, auch sehr gut als Einstiegstour in die Radelsaison geeignet.
- **Mitnehmen:** Kleiner Pausensnack, Decke für Rast an der Würm (u. a. am Schloss Blutenburg).

DIE RADELPAUSEN

» START
Bahnhof Petershausen

KM 3
1 Aussichtspunkt
Verlockungen nachgeben

KM 5
2 Glonn
Biber beobachten

KM 14
3 Glonnterrassen
Nah ran ans Wasser

3 EIGENE WEGE FINDEN

Im Norden von München

Der Reiz mancher Ausflüge ergibt sich vor allem durch das, was gerade nicht da ist. »Was wolltest du denn da?«, lautet dann schon mal die entgeisterte Frage, nachdem man von einer Tour abseits vielbesprochener Wege und hochgelobter Fernblicke erzählt.

KM 19,5

4 Kranzberger Weiher
Einem Froschkonzert lauschen

KM 27

5 Weltwald Freising
Zen zwischen Bäumen

KM 34

6 Mitten im Feld
Planespotting

KM 42 » ZIEL
S-Bahnhof Neufahrn

KURS NORDNORDOST

Mitunter ist es gerade die pure Freude am Einfach-für-sich-selbst-Entdecken in diesem vermeintlichen Nichts, die eine kleine (Halb-)Tagestour in Angriff nehmen lässt. Einfach, um eigene Wege zu finden.

Dafür ist zwar kein ausgesprochener Pioniergeist notwendig, schließlich sind das Münchner Umland und ganz Bayern übersät mit Freizeitradelwegen, sodass man (fast) immer einem Schildchen mit grünem Rad auf weißem Grund folgt. Aber das Gefühl ist schon ein bisschen besonders, wenn man die Route letztlich selbst abgesteckt hat. Geleitet einzig von der Neugier, die eigene, vielleicht neue Heimat besser kennenzulernen.

EINFACH KÖSTLICH: IM AUGUST IST DER WELTWALD MIT SAFTIGEN SCHWARZEN BROMBEEREN DEKORIERT

Auf solche Art entsteht dann auch eine Tour im Münchner Norden: Gleich zum Auftakt überrascht eine **Streuobstwiese** mit einer hübschen Aussicht über die Felder dies- und jenseits der **Glonn**. Ganz in ihrer Nähe gab es früher eine sogenannte Ochsengasse: Bis zu 7000 Graurinder jährlich gelangten zwischen dem 14. und 18. Jahrhundert auf dem »Altbaierischen Oxenweg« aus der ungarischen Puszta ins schwäbische Augsburg, damals eine der bedeutendsten Handelsstädte Europas. Das Flüsschen garantierte, dass die Ochsen auch auf diesem Wegstück mit Wasser versorgt waren.

Heute ist die Glonn über lange Strecken begradigt, und es ist gar nicht mehr so einfach, an seine einst flachen Ufer zu gelangen. Umso größer ist die Freude in Allershausen, wo genau das seit ein paar Jahren die **Glonnterrassen** ermöglichen. Hier ließe sich ganz gut eine Pause machen, wenn man eine kleine Brotzeit dabeihat.

Ansonsten sind es nur noch ein paar Kilometer bis zum **Kranzberger Weiher** samt Seehaus. Spätestens an dieser Stelle tut eine Stärkung wirklich gut. Denn zum einen muss man aus Kranzberg raus ein Stück ganz schön in die Pedalen treten. Zum anderen wäre es ungünstig, hungrig zur Entdeckungstour in den **Weltwald** zu kommen. Die dauert durchaus so lange, dass die Nachmittagssonne auf dem Weg mitten **durch die Felder**, hinunter ins Moos und nach Neufahrn die Landschaft allmählich schon in ein warmes Licht hüllt. «

Hochsommertag bei Kranzberg. Kühlung verspricht der nahe Weltwald.

Wo einst ungarische Graurinder nach Augsburg getrieben wurden, entspannen heute ihre bayerischen Verwandten.

»An den Mühlseen« heißt es kurz vor Neufahrn. Hier lässt sich – je nach See – baden, windsurfen oder auch Fische beobachten.

RADELN & GENIEẞEN

Rotbackiges Streuobstwiesenglück.

Bahnhof Petershausen

In der Bahnhofstraße der Radausschilderung Altbaierischer Oxenweg nach Obermarbach folgen, wo kurz hohlwegartig eine Straße auf eine Anhöhe führt. Dort gleich rechts. (Bis knapp vor Allershausen ist der Themenradweg ausgeschildert.)

KM 3

1 Aussichtspunkt

Verlockungen nachgeben

Kaum gestartet, verlockt auf einer kleinen Streuobstwiese vor allem im August der Anblick rotbäckiger Äpfel zu einem ersten Stopp. Drei, vier Schritte sind es bis zu der Bank auf der kleinen Anhöhe, die als Kraftort gilt. Von dort hat man einen so hervorragenden Rundumblick, dass die Erhebung als einer der besten Aussichtspunkte im Dachauer Land gehandelt wird. Auf einer Stele zeigt eine historische Karte auch die einstige Ochsengasse nahe der Glonn. Hier könnte man noch kurz probieren, Karte und Landschaft miteinander abzugleichen.

Dem Wegverlauf folgen nach Mittermarbach und Herrschenhofen. Kurz vor dem Ort und direkt vor der Glonn nach links.

Entlang der Glonn bei Hohenkammer ist gut radeln.

Verspielt gibt sich die Glonn in Allershausen. Ein wenig nachgeholfen wurde dazu.

KM 5

2

Glonn

Biber beobachten

Zugegeben, etwas Glück braucht es schon, um tatsächlich einen der großen wasserliebenden Nager zu Gesicht zu bekommen. Dass der Biber aber in der Glonn wieder sein Revier hat, lässt sich nicht zuletzt an recht vielen abgestorbenen Bäumen erkennen, die als Totholz in den Sommerhimmel pieken oder schon umgefallen sind. Die Glonn – ihr Name hat einen keltischen Ursprung und bedeutet so viel wie die Reine und die Heilige, fließt relativ monoton und still durch eine vielfältige Landschaft aus Nass- und Feucht- sowie Streuwiesen. Weite Teile des Glonntals sind heute geschützt, denn Landwirtschaft und allerlei Zuläufe haben den Fluss lange stark belastet. Das Leben im und entlang des Gewässers soll wieder aufgepäppelt werden.

Über Hohenkammer und Eglhausen – ist das Oxenweg-Schild noch da? – dann über Schlipps und Unterkienberg nach Allershausen.

KM 14

Glonnterrassen

Nah ran ans Wasser

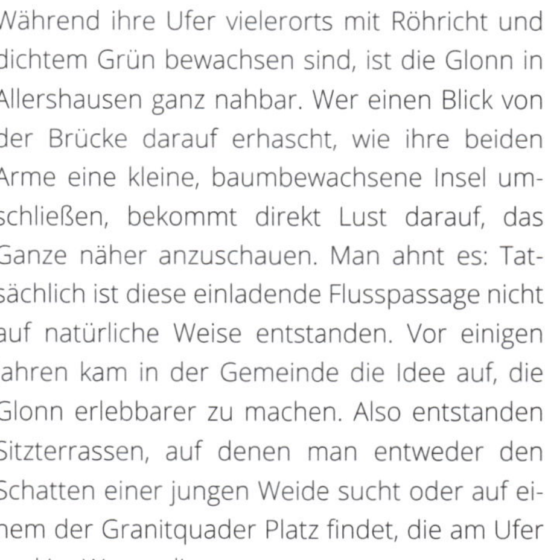

Während ihre Ufer vielerorts mit Röhricht und dichtem Grün bewachsen sind, ist die Glonn in Allershausen ganz nahbar. Wer einen Blick von der Brücke darauf erhascht, wie ihre beiden Arme eine kleine, baumbewachsene Insel umschließen, bekommt direkt Lust darauf, das Ganze näher anzuschauen. Man ahnt es: Tatsächlich ist diese einladende Flusspassage nicht auf natürliche Weise entstanden. Vor einigen Jahren kam in der Gemeinde die Idee auf, die Glonn erlebbarer zu machen. Also entstanden Sitzterrassen, auf denen man entweder den Schatten einer jungen Weide sucht oder auf einem der Granitquader Platz findet, die am Ufer und im Wasser liegen.

An der Kreuzung hinter der Glonn geradeaus, dann rechts in die Jobsterstraße, dem Straßenverlauf bis Kranzberg folgen; dort in der Unteren Dorfstraße rechts und zum Kranzberger Weiher.

KM 19,5

4

Kranzberger Weiher

Einem Froschkonzert lauschen

Die lauschigsten Ecken des Kranzberger Weihers lassen sich entlang seines Ostufers entdecken. Dort, wo eine Holzbrücke über die Wasserverbindung vom Hauptsee zu einem kleine Nebentümpel führt. Das wissen auch die Frösche, die hier durchaus laute Konzerte anstimmen. Wie viele Seen im Münchner Norden ist der Kranzberger Weiher ein Baggersee. Da er recht flach ist, zieht er viele Familien aus der Umgebung für den kleinen Badeurlaub dahoam an. Einheimische schätzen ihn zudem für eine kleine Spazierrunde. Oder um im Seehaus Kranzberg (www.seehauskranzberg.de) einzukehren, wo es neben einem Biergarten und einer Steckerlfisch-Braterei auch eine Pizzeria gibt. Also dann: Do as the locals do.

Um den Kranzberger Weiher herum zurück nach Kranzberg. An der Hauptstraße bergauf; falls nötig absteigen und auf den Gehweg ausweichen. In Berg rechts und der Ausschilderung zum Weltwald/Freising folgen.

Am Kranzberger Weiher gibt es die Frage zu klären: Drin schwimmen? Drumherum radeln? Oder beides?

Außergewöhnlicher Blickfang: eine japanische Pagode in der Ostasien-Abteilung im Weltwald.

KM 27

5

Weltwald Freising

Zen zwischen Bäumen

Einen Mammutbaum umarmen? Geht im Weltwald (www.weltwald.de)! Denn hier wachsen Bäume aus Nordamerika, Europa und Asien, darunter Himalaja-Birken und Orient-Buchen, Kaukasus-Erlen und Kalifornische Nuss-Zedern. Die ersten Bäume dort wurden 1987 angepflanzt, um zu sehen, ob sie auch in unseren Gefilden gut gedeihen, und immer schön nach Herkunft geordnet. Im Zentrum des Weltwalds, auf einer Lichtung, verzaubert die kleine Kirche St. Clemens mit ihrem farnüberwucherten Friedhof und schmiedeeisernen Grabkreuzen, die daran erinnern, dass in einem Weiler vor Ort einst Bauersfamilien ihr Auskommen fanden. Jede der Weltregionen fasziniert auf ihre Weise. Besonders exotisch ist eine Reise in die Ostasien-Abteilung, wo hinter Japanischen Zelkoven und Momi-Tannen sogar eine japanische Pagode durch die Zweige lugt und zur Kunst des Zen lädt.

Den Weltwald nach Südwesten Richtung Viehhausen beziehungsweise Ausschilderung Neufahrn verlassen. Bald ist wieder eine asphaltierte Straße erreicht, der man nach Süden folgt.

KM 34

6 Mitten im Feld
Planespotting

Auf einem lindengesäumten Sträßlein durch die Felder radeln und am Himmel ein Flugzeug spotten – so weit, so gut. Was etwas seltsam wirkt: Wie dieses dann hinter einem kleinen Hügel in der flach abfallenden Landschaft verschwindet. Und wie nur einen kurzen Moment später ein anderes Flugzeug hinter dem Hügel wie aus einer großen Suppenschüssel auftaucht. Die Erklärung ist einfach. Da, wo die Flieger ein- und auftauchen, ist das Erdinger Moos und damit der Münchner Flughafen. Beim Durchradeln der Landschaft eine durchaus pittoreske Randnotiz, für die Ortschaften ein Stück weiter dagegen eine echte Herausforderung, wovon zahlreiche Plakate zeugen: Sie liegen genau in der Einflugschneise und fürchten eine weitere Startbahn, auch wenn die Pläne dafür erst einmal auf Eis gelegt sind.

An der T-Kreuzung in Schaidenhausen nach links, auch wenn Neufahrn bereits rechts ausgeschildert ist. Hinter Giggenhausen dem Radwegweiser ins Moos folgen, über Mooswiesenstraße und Mühlsee nach Neufahrn.

EXTRA INFOS:

Gut geräuchert: Frischen Räucherfisch gibt's hinter Giggenhausen und damit wenige Kilometer vor dem Ziel in der ● **Fischzucht Moosmühle** (Moosmühle 1). Um ganz sicherzugehen, dass Radeltag und aktuelle Laden-Öffnungszeiten gut aufeinander abgestimmt sind, nachfragen unter der Telefonnummer 081 65/82 12.

KM 42 » ZIEL

S-Bahnhof Neufahrn

(FAST) AUF DER ZIELGERADEN

Einfach mal rollen lassen: Schnurgerade und leicht bergab geht es gen Ende der Radelrunde durch die Landschaft.

AUF EINEN BLICK

- **Start:** Bahnhof Petershausen
- **Ziel:** S-Bahnhof Neufahrn
- **Strecke/reine Radelzeit:** 42 km (Streckentour), 4 Std.
- **Höhenmeter:** ↗160 m, ↘167 m
- **Wegbeschaffenheit:** Asphalt und Schotter-/Waldwege wechseln sich immer wieder ab.
- **Beste Zeit:** Mai bis September.
- **Mitnehmen:** Zur Beerenzeit eine Dose für Selbstgepflücktes. Eventuell Badezeug.

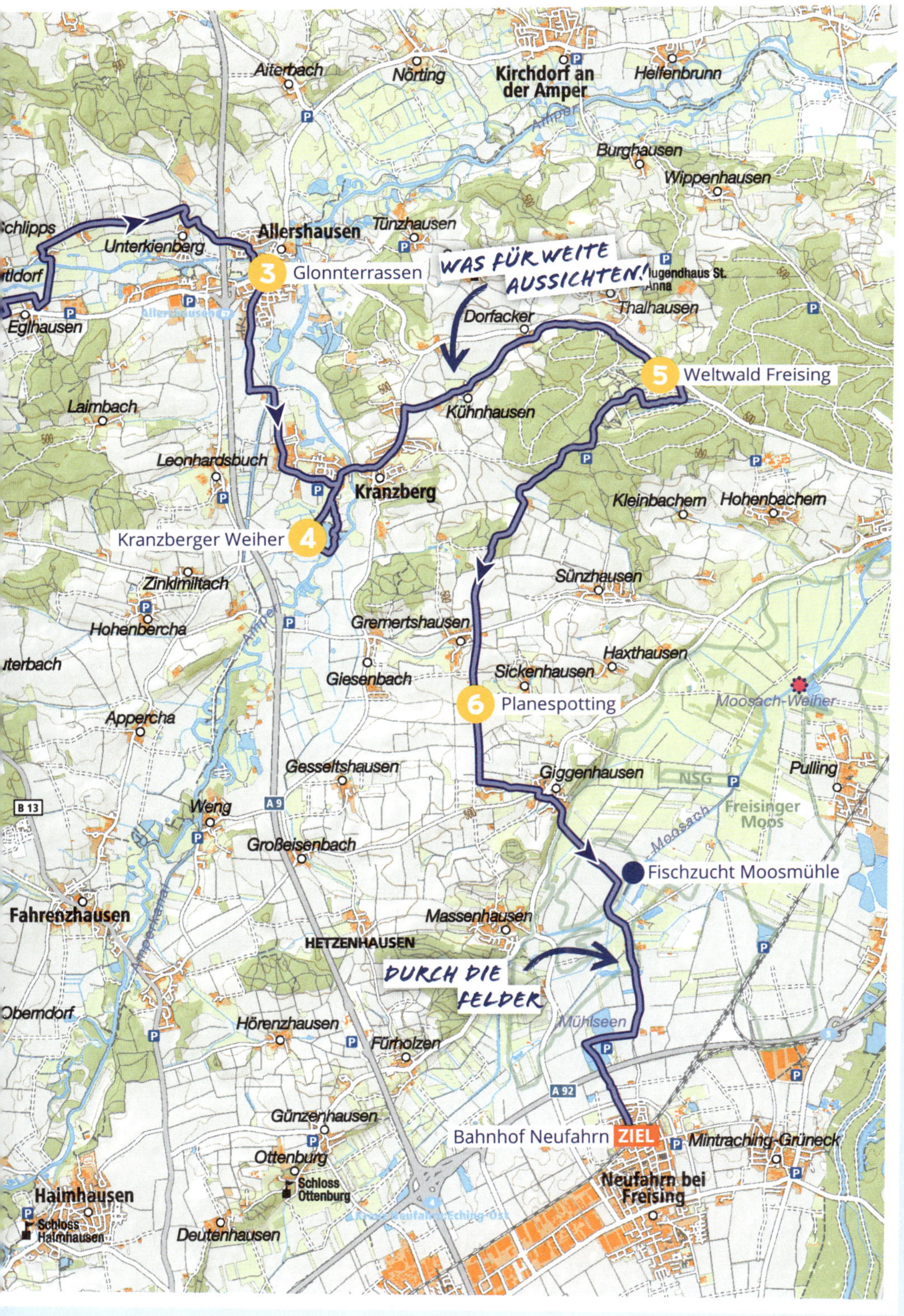

3 Glonnterrassen
WAS FÜR WEITE AUSSICHTEN!
5 Weltwald Freising
4 Kranzberger Weiher
6 Planespotting
Fischzucht Moosmühle
DURCH DIE FELDER
Bahnhof Neufahrn ZIEL
Aiterbach
Nörting
Kirchdorf an der Amper
Helfenbrunn
Amper
Burghausen
Wippenhausen
Unterkienberg
Allershausen
Tünzhausen
Thalhausen
Eglhausen
Dorfacker
Kühnhausen
Laimbach
Leonhardsbuch
Kranzberg
Kleinbachern
Hohenbachern
Zinklmiltach
Sünzhausen
Hohenbercha
Gremertshausen
Haxthausen
Giesenbach
Sickenhausen
Moosach-Weiher
Appercha
Gesseltshausen
Giggenhausen
NSG
Pulling
Freisinger Moos
B 13
Weng
A 9
Großeisenbach
Moosach
Fahrenzhausen
Massenhausen
HETZENHAUSEN
Hörenzhausen
Fürholzen
Mühlseen
A 92
Günzenhausen
Mintraching-Grüneck
Ottenburg
Schloss Ottenburg
Neufahrn bei Freising
Haimhausen
Schloss Haimhausen
Deutenhausen

DIE RADELPAUSEN

» START
Bahnhof Moosburg

KM 6
1 Ampermündung
Zwischen den Wassern

KM 10
2 Kilometersäule
Entfernungen schätzen

KM 11
3 Sieben Rippen
An der Stromschnelle sitzen

An der Mittleren Isar nach Landshut

Bei genauerem Hinschauen fallen allein schon in München ganz verschiedene Gesichter der Isar auf. Und wie gibt sie sich außerhalb der Stadt? Grün und vogelreich lautet die Antwort im nördlichsten Zipfel der Münchner Schotterebene bei Moosburg.

4 Auwald
Didlioh und duliolüh

KM 16

5 Vogelfreistätte
Das Fernglas zücken

KM 23,5

6 Ländsteg
Über diese Brücke …

Bahnhof Landshut

EINTAUCHEN INS GRÜN

Ziemlich praktisch, wenn man die Isar peu à peu kennenlernen möchte: Auf weiten Strecken folgen ihr Bahngleise. Weil den Fluss noch dazu viele kleine Städte und damit auch Bahnhöfe säumen, sind den ganz persönlichen Planungen kaum Grenzen gesetzt, ihn bei einem Bike & Ride kennenzulernen.

Gerade einmal 25 Kilometer sind es zwischen Moosburg und Landshut – selbst bei einem Spätstart läuft das Radeln also ganz entspannt. Doch welche Seite wählen? Die rechte, meinen Touristiker und verweisen auf den Isarradweg. Die linke, empfehlen Einheimische nach kurzem Überlegen – so soll es also sein.

BLAU IM GRÜN: AM ISARUFER LIBELLEN ENTDECKEN UND EINER HUFEISEN-AZURJUNGFER FOLGEN

Im Zentrum von Moosburg ist die Spur zur Isar bald aufgenommen und der Fluss schnell gefunden. Gerade, wenn es zuvor ausgiebig geregnet hat, scheint einen das Grün entlang der Ufer sofort zu verschlingen: So zeigt sich zartes Birkengrün neben silbrigem Weidengrün, Grasgrün neben Moosgrün. Und ja, das Eintauchen in all diese Töne fühlt sich innerhalb kürzester Zeit erholsam an. Immer nur einatmen, ausatmen, gemächlich in die Pedale treten und sich bald auf einem schmalen Landband wiederfinden, plötzlich rechts und links Wasser – die **Ampermündung** ist erreicht.

Das hier kann Radflanieren in Reinform sein: kurz kurbeln, sich rollen lassen. Links und rechts schauen. Anhalten, weiterradeln. Die Streckenlänge lässt sich zwischendurch an einer **Kilometersäule** abgleichen. Doch weil eh der Weg das Ziel ist, darf es bald mal eine längere Pause sein; an den **Sieben Rippen**, einer Stromschnelle.

Besondere Rücksicht ist im Frühling und bis in den Juli hinein gefragt. Entlang der Isar ziehen dann viele sensible Bodenbrüter ihren Nachwuchs groß: Flussuferläufer und Flussregenpfeifer oder auch Gebirgsstelzen lassen sich mit etwas Muße in der **Vogelfreistätte Mittlere Isarauen** entdecken, im Rücken feuchter **Auwald**.

Egal wie gemächlich, früher oder später ist Landshut erreicht. Wenn sich die Strecke dann doch zu kurz anfühlt, ließe sich auf dem Isarradweg einfach wieder nach Moosburg zurückradeln – und auch die ganz persönliche Antwort auf die Frage nach der »schöneren Seite« finden. «

Bahnhof Moosburg

In der Innenstadt heißt es grün auf weißem Grund »Landshut 18 km«. Statt am Ortsrand über die Isarbrücke und damit auf die rechte Seite zu fahren, bleibt man links.

Mehr Raum für die Amper: Der Fluss hat seinen Durchbruch zur Isar aus eigener Kraft wiederhergestellt.

KM 6

1 Ampermündung

Zwischen den Wassern

Ein wenig seltsam mutet es schon an, und fast können Zweifel aufkommen, ob es auf der immer schmaler werdenden Landzunge überhaupt weitergeht. Rechts, ein Stück niedriger als der Radweg, die Isar. Links, etwa auf gleicher Höhe und nur durch eine unwesentliche Uferböschung getrennt vom Weg, die Amper (Tour 17). Die Perspektive: fast, als würde man schwimmen, die Augen knapp über der Wasseroberfläche. Ein Stück weiter ist dann die Landzunge tatsächlich zu Ende. Die Amper schwappt über eine breite Kaskade in die Isar, die hier einigen Platz zum Mäandern hat.

Am Ende der Landzunge über eine Treppe (samt Auffahrrampe) auf die Brücke, nach links und sofort rechts wieder hinunter. Weiter auf dem Radweg, der sich kurz von der Isar entfernt. Nach einem Bogen findet er an den Fluss zurück.

Durchblick an der Ampermündung. Mal ist es hier trocken, dann wieder übeflutet – diese Dynamik begünstigt die Artenvielfalt.

KM 10

Kilometersäule

Entfernungen schätzen

Am Weg taucht eine Kilometersäule auf. Hat man nicht eh gerade in der App nachgeschaut, wäre nun ein guter Moment, zu überlegen, wie viele Kilometer das wohl bis hierher waren. Also nicht gleich auf der Säule nachlesen. Da steht's natürlich. Ein Phänomen ist ja, dass sich die Kilometer in der Natur häufig viel länger anfühlen als beim Radeln auf Alltagswegen in der Stadt. Was möglicherweise auch damit zu tun hat, dass der Blick oft ungehindert über die Landschaft schweifen kann, die sich im Fortkommen nur ganz allmählich ändert.

Es lässt sich nichts falsch machen (I): immer neben der Isar bleiben.

An manchen Stellen ist der Isarkies zu Herrgottsbeton zusammengepresst, wie hier an den Sieben Rippen.

Aus einer Zeit vor Kilometerzähler und Smartphone-Tracker.

Zeit, um das Flussufer zu inspizieren.

PAUSE AM FLUSS

Sieben Rippen

An der Stromschnelle sitzen

Fast scheint es, als hätte jemand einfach große Betonbrocken in die Isar gekippt. Und tatsächlich kennt der Volksmund dieses Gestein als Herrgottsbeton. Dabei ist es irdischen Ursprungs, nur konnte sich früher niemand sein besonderes Aussehen erklären, das jedenfalls Nagelfluh ist. An der Mittleren Isar gibt's ganz wenige Stellen, an denen das Flussbett statt aus losen Steinen aus diesem zusammengepressten Flussschotter besteht. Mit nur einem flüchtigen Blick lässt sich der – schon von den Römern – menschgemachte vom natürlichen Beton tatsächlich nicht unterscheiden. Doch sitzt man eine Weile an der Stromschnelle, dann fällt auf, wie unregelmäßig Nagelfluhgestein ist. Auch toll als Picknickplatz geeignet.

Es lässt sich nichts falsch machen (II): immer neben der Isar bleiben.

Auwald wirkt immer ein wenig geheimnisvoll.

KM 16

5

Vogelfreistätte

Das Fernglas zücken

Viel Grün hin oder her – die Isar ist weit davon entfernt, unberührte Natur zu sein. In den 1920er-Jahren wurde an der Mittleren Isar wie vielerorts auf Stromerzeugung aus Wasserkraft gesetzt und dazu wurde ein Kanalsystem angelegt; gleichzeitig entstand der Echinger Stausee. Gerade diese künstlich geformte Landschaft hat sich zum wichtigen Durchzugs-, Rast- und Brutgebiet für zahlreiche Vogelarten von Schnatterente bis Flussseeschwalbe entwickelt und steht seit 1982 unter Schutz.

Um möglichst wenig zu stören und die Vögel dennoch ausgiebig beobachten zu können, gilt: auf den Wegen bleiben und möglichst ruhig verhalten.

Es lässt sich … Ach, eh klar …

KM 14,5

4

Auwald

Didlioh und duliolüh

Was ist knallgelb und fliegt durch die Luft? Der Pirol, der als Charaktervogel von Auwäldern gilt. Allerdings versteckt sich der amselgroße Vogel sehr gut, sodass man – ab Mai – eher seinen flötenden Gesang hört als sein auffälliges Gefieder zu Gesicht bekommt.

Noch ein wenig auf die Bäume konzentriert: Vor allem die vielen Eschen, aber auch Weiden und Pappeln fallen auf. Auwald wirkt oft undurchdringlich und damit unweigerlich immer geheimnisvoll. Hin und wieder gibt's auch lichtere Stellen, wo Orchideen gedeihen.

Es bleibt dabei: immer an der Isar entlang. Zum Schluss über den Sausteg auf die Mühleninsel.

Mit oder ohne Fernglas – mit etwas Geduld lassen sich verschiedenste Vögel beobachten.

Nach Möglichkeit nicht verpassen: ein Abstecher hinauf zur Burg Trausnitz, hoch über der Landshuter Innenstadt.

KM 23,5

6 Ländsteg

Über diese Brücke ...

Hier findet man sich in Insellage zwischen Kleiner und Großer Isar wieder. Fahrrad abschließen und zu Fuß in die Altstadt. Dazu über den hölzernen Ländsteg und durch das schmale Hauptwachgässchen. Die prächtigen Fassaden der historischen Straßen namens Altstadt und Neustadt bereiten selbst Ortskundigen aufs immer Neue Freude. Um etwas zu essen und zu trinken, ist die Auswahl schier endlos. Angenehm sitzt es sich, vor allem auch an sehr heißen Tagen, in Nebenstraßen wie der Schirmgasse. Oder erst einmal von Burg Trausnitz einen Überblick verschaffen und dazu den frei zugänglichen Aussichtspunkt Schanzl suchen. Die Burgräume selbst sind nahezu leer; ob man hier eine dennoch interessante Führung macht oder lieber über den Dächern der Stadt an einem frühen Sundowner nippt, bleibt der Spontanität überlassen.

Später über Kleinen Isarsteg und Stadtpark zur Nikolastraße, nach Norden über die Flutmulde zum Bahnhof.

EXTRA INFOS:

Die einen fahren extra nach Moosburg, um sich im ● **Café am Münster** (cafe-ammuenster.com) ein Lieblingsstück des Tages auszusuchen und sogleich zu genießen. Die anderen stellen kurz ihren Drahtesel ab, um den Radeltour-Auftakt zu versüßen.

Angekommen in Landshut, sitzt man direkt am Ländsteg hervorragend im ● **Café Nepomuk** (nepomuk-landshut.de). Oder auch davor. Über dem Café ist übrigens eine hübsche Ferienwohnung eingerichtet. Ab zwei Nächten könnte hier die Homebase für weitere Isar-Erkundungen sein.

In Landshut teilt sich der Fluss und umfließt als Kleine Isar und Große Isar links die Mühleninsel. Wo die beiden Flussarme wieder zusammentreffen und in den Stausee Altheim übergehen, liegt das ● **Isarspitz**. Angenehm für noch einen stillen Moment mitten in der Stadt und doch abseits.

KM 25,5 » ZIEL

Bahnhof Landshut

Isarradweg meets Innenstadt. Über den hölzernen Ländsteg geht's in historische Straßen.

AUF EINEN BLICK

- **Start:** Bahnhof Moosburg
- **Ziel:** Bahnhof Landshut
- **Strecke/reine Radelzeit:** 25,5 km (Streckentour), 2 Std.
- **Höhenmeter:** ↗13 m, ↘36 m
- **Wegbeschaffenheit:** Zum größten Teil Schotter, sehr fahrbar.
- **Beste Zeit:** Ab Juli, um Bodenbrütern genügend Ruhe für die Aufzucht ihrer Jungen zu geben.
- **Mitnehmen:** Fernglas nicht vergessen.

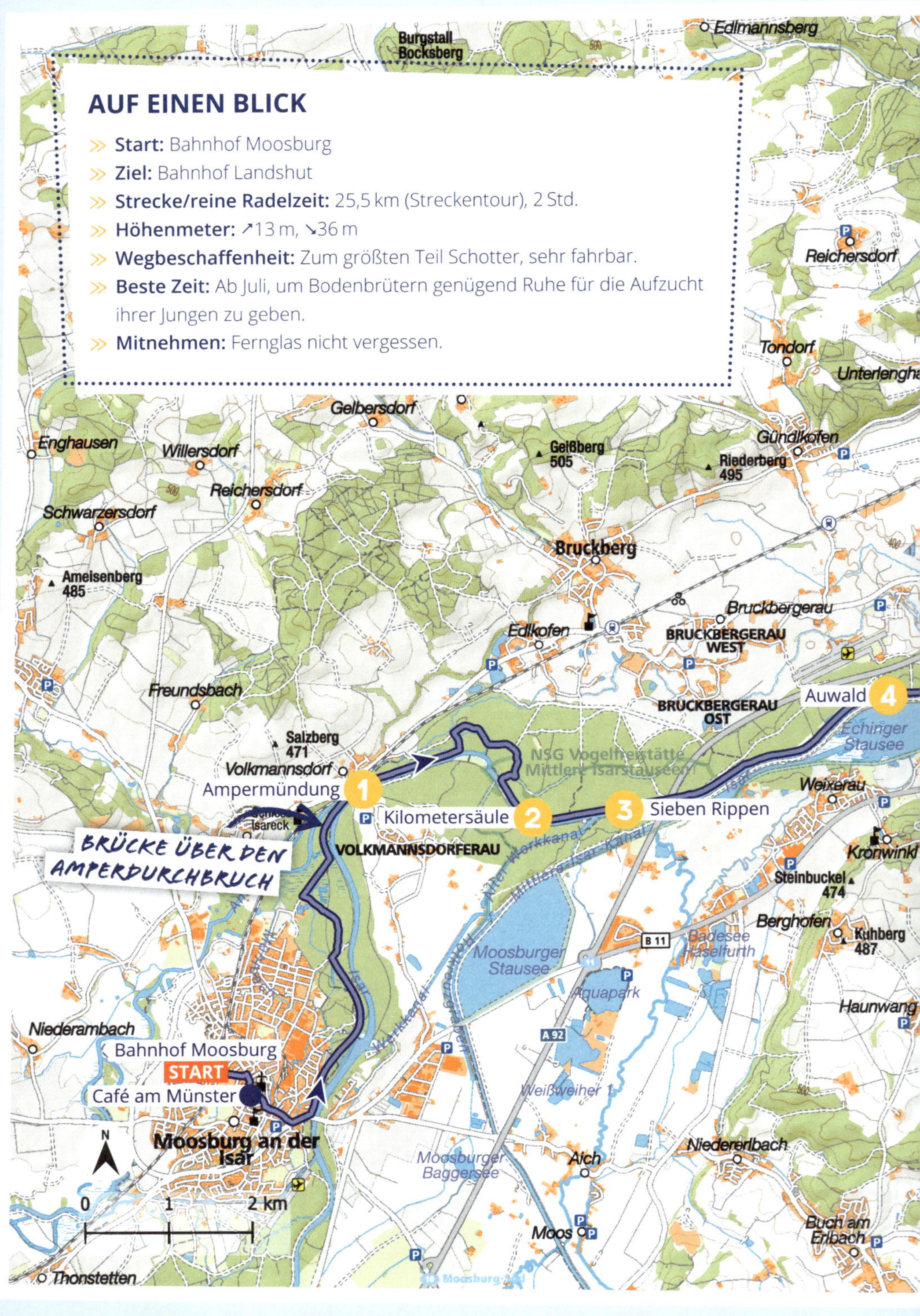

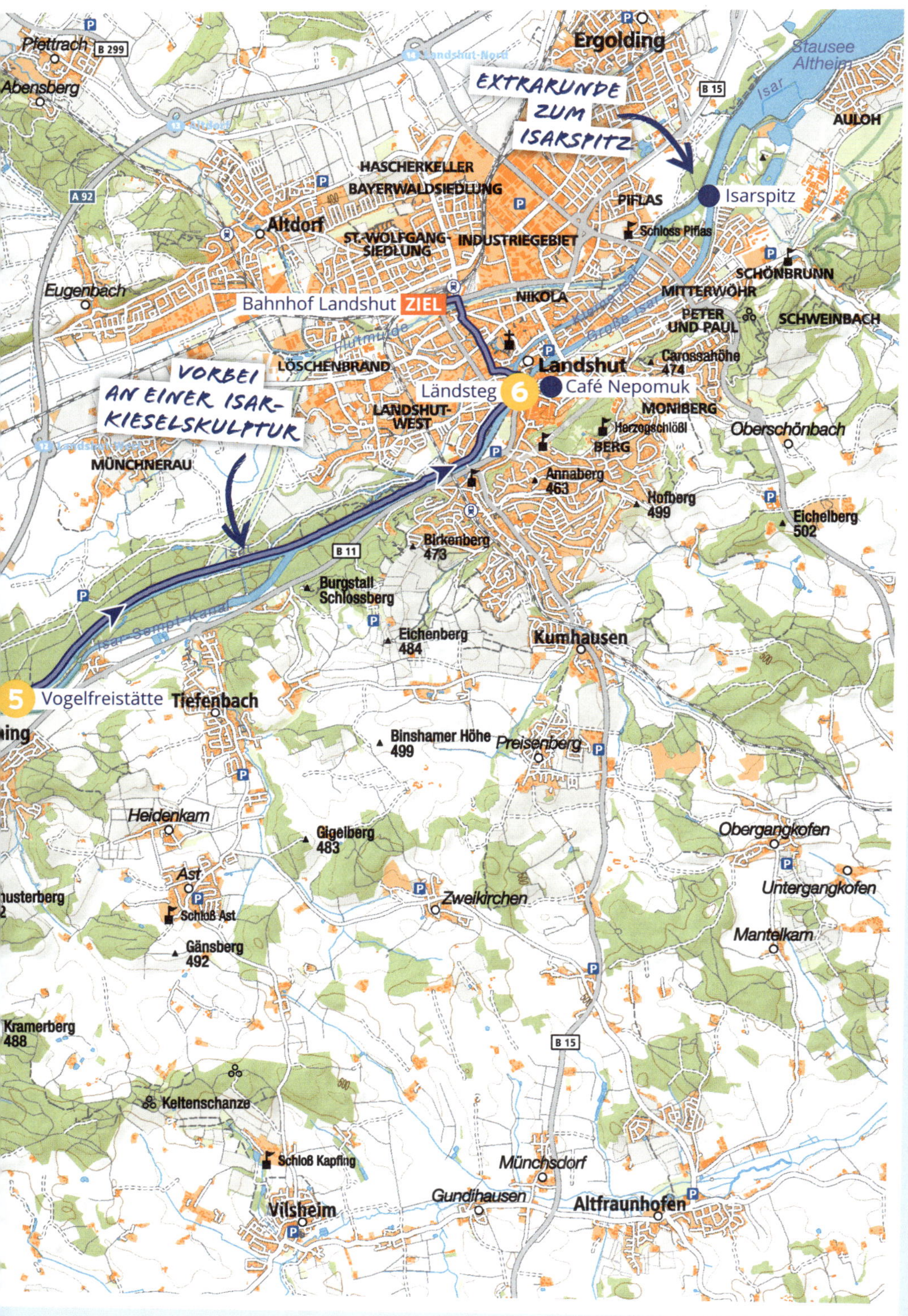

EXTRARUNDE ZUM ISARSPITZ
Isarspitz
Bahnhof Landshut ZIEL
VORBEI AN EINER ISAR-KIESELSKULPTUR
Ländsteg
6
Café Nepomuk
5
Vogelfreistätte
Ergolding
Stausee Altheim
AULOH
Pfettrach
Abensberg
HASCHERKELLER
BAYERWALDSIEDLUNG
PIFLAS
Schloss Piflas
Altdorf
ST. WOLFGANG-SIEDLUNG
INDUSTRIEGEBIET
SCHÖNBRUNN
Eugenbach
NIKOLA
MITTERWÖHR
PETER UND PAUL
SCHWEINBACH
LÖSCHENBRAND
Landshut
Carossahöhe 474
MONIBERG
LANDSHUT-WEST
Herzogschlößl
Oberschönbach
BERG
MÜNCHNERAU
Annaberg 463
Hofberg 499
Eichelberg 502
Birkenberg 473
Burgstall Schlossberg
Eichenberg 484
Kumhausen
Tiefenbach
Binshamer Höhe 499
Preisenberg
Heidenkam
Gigelberg 483
Obergangkofen
Untergangkofen
Ast
Schloß Ast
Zweikirchen
Mantelkam
Gänsberg 492
Kramerberg 488
Keltenschanze
Schloß Kapfing
Münchsdorf
Gundihausen
Altfraunhofen
Vilsheim
B 299
B 15
A 92
B 11

DIE RADELPAUSEN

>> START
S-Bahnhof München-Riem

KM 1
1 Olympia-Reitanlage
Alles aufs Pferd gesetzt

KM 7
2 Bogenhausener Friedhof
Der Geist der Stadt

KM 8,5
3 Englischer Garten (Werneckwiese)
Ins Schwarze getroffen

5 OLYMPISCHE SPUREN

Von Riem zum Regattasee

Die Olympischen Sommerspiele von 1972 gehören ohne Zweifel zu den besonders wichtigen Ereignissen der Stadtgeschichte – ein historischer Moment Münchens, der auf einer ganz besonderen Radeltour greifbar wird.

KM 13

4 Olympiapark

Bis heute viel genutzt

KM 20

5 Schloss Nymphenburg

Hoch zu Ross

KM 32

6 Regattastrecke

Gechilltes Radelfinale

KM 37 » ZIEL

Bahnhof Oberschleißheim

EINE OLYMPISCHE STADT

Wo anfangen, wenn man auf die Olympischen Sommerspiele von 1972 zu sprechen kommt? Die Spiele, die München einmal komplett umkrempelten und eine einmalige Architektur hinterließen. Die Spiele, die heiter begannen und ihrer Leichtigkeit am frühen Morgen des elften Olympiatages am 5. September durch ein Attentat jäh beraubt wurden.

Mit dem Rad olympischen Spuren zu folgen lässt ganz nebenbei eine ziemliche Bandbreite an (nicht nur) olympischen Stadteindrücken zu: Im Münchner Osten, wo die Stadt derzeit noch recht ländlich daherkommt, macht die **Olympische Reitanlage** den Auftakt. Die Chancen, dort auch heute Pferde anzutreffen, sind groß. Der Geruch der Ställe liegt in der Luft, und neben Pferdezucht- und Pferdesportverbänden haben hier auch die Pferde der Münchner Reiterstaffel ihr Domizil.

ZWISCHEN OLYMPIASTADION UND OLYMPIASEE IST DER BLICK AUF DEN OLYMPIABERG AM SCHÖNSTEN

Auf streckenweise recht grünen Wegen und Nebenstraßen nähert man sich der Innenstadt. Der Vorschlag, am **Friedhof Bogenhausen** vorbeizuschauen, mag im ersten Moment irritieren. Doch hier ist das Grab von Alt-OB Hans Jochen Vogel. Als derjenige, der die Spiele nach München holte, ging er in die Geschichte ein. Mit dem Zuschlag machte man sich sofort an die Vorbereitungen, und das Gesicht der Stadt wandelte sich rasant – so kamen etwa die U- und die S-Bahn. Das alles führte durchaus zu Kontroversen, denn beispielsweise mit dem Bau des Altstadtrings gingen historische Sichtachsen verloren. Anderes wurde genutzt, wie es war, darunter die **Werneckwiese im Englischen Garten**.

Höhepunkt der Radeltour ist der **Olympiapark**, in dem man sich, obwohl mitten in der Stadt, glatt in den Voralpen wähnen kann. Schwer fällt es, sich wieder loszueisen, doch es warten noch der Park von **Schloss Nymphenburg**, in dem Dressurreitgeschichte geschrieben wurde, und die **Regattastrecke** Oberschleißheim. Unter Kanutinnen und Ruderern gilt Letztere als eine der fairsten und besten Wettkampfstätten in ganz Europa. Und unter Radelnden dank der kleinen Strandbar als das gechillteste und bestmögliche Ende einer Olympiatour. «

Kaffeepause gefällig? Am Nymphenburger Kanal ist ein gemütliches Café in einem ehemaligenSchreibwarenladen eingerichtet.

Vieldiskutierte Kunst am Bau: Mae West am Effnerplatz – Sexsymbol oder Eierbecher?

Auch im Winter genussvoll Bahnen ziehen: im beheizten Becken des Warmfreibads.

RADELN & GENIEßEN

»Der Pferdebändiger« vom Bildhauer Mathias Gasteiger steht an der Zufahrt zur Galopprennbahn in Riem.

»START

S-Bahnhof München-Riem

Den Bahnhof Richtung Norden verlassen und dann nach links/stadteinwärts.

KM 1

1

Olympia-Reitanlage

Alles aufs Pferd gesetzt

»Galopprennbahn« zeigen große gelbe Lettern auf einem schlichten Flachdach an. Bereits seit 1897 finden Münchner Pferderennen in Riem statt. Gleich nebenan liegt ein Areal, das schon während des Zweiten Weltkriegs militärisches Reitgelände war und auf dem für die Olympischen Spiele ein Reitstadion und eine Reithalle sowie kleine Stallungen errichtet wurden (www.olympiareitanlage.de). Bis heute ziehen Pferdesportveranstaltungen hier, im Osten der Stadt, regelmäßig ein großes Publikum an. Viele Türen und Tore sind offen, was zum Umherschlendern und Entdecken einlädt.

Die Schichtlstraße nehmen und durch das kleine, geöffnete Tor schlüpfen. Hinter der Bahnschiene in Daglfing gleich rechts in die Bromberger Straße und den Wegweisern in die Innenstadt folgen.

KLEINES MÜNCHNER WHO'S WHO

KM 7

2 Bogenhausener Friedhof
Der Geist der Stadt

Neben alteingesessenen Familien Bogenhausens hat auf dem kleinen Friedhof am rechten Isar-Hochufer eine ganze Reihe prominenter und prägender Münchner Persönlichkeiten ihre letzte Ruhestätte, oft mit schlichten schmiedeeisernen Grabkreuzen oder unauffälligen Grabsteinen. So kann man, während man andächtig um die Kirche St. Georg geht, zum Beispiel nach den Gräbern von Schriftsteller Erich Kästner, Schauspielerin Liesl Karlstadt, Pazifistin Freda Wuesthoff oder Filmproduzent Bernd Eichinger Ausschau halten. Auch Alt-OB Hans-Jochen Vogel ruht hier; auf seinem Grabstein ist auch das Olympiadach zu sehen. Dabei hatte er, als er im Dezember 1965 die Münchner Olympiabewerbung einreichte, der Stadt gar keine allzu großen Chancen ausgerechnet. Doch die Geschichte schrieb sich anders.

Über die Isar und auf Asphalt gemeinsam mit den Bussen in den Englischen Garten.)

Stiller Ort mitten in der Stadt: der Friedhof Bogenhausen.

Viel Platz auf der Werneckwiese im Englischen Garten.

KM 8,5

3 Englischer Garten Werneckwiese
Ins Schwarze getroffen

Im Sommer 1972 führte der olympische Marathon durch den Englischen Garten. Münchens größter Park war außerdem vier Tage lang Austragungsort der olympischen Bogenschießwettbewerbe. Werneckwiese heißt das große Grün, das sich bald rechts der Fahrstraße öffnet und hinauf bis zum Kleinhesseloher See reicht. Dort standen die Schützinnen und Schützen erstmals wieder seit 1920 Schulter an Schulter und versuchten ihr olympisches Glück. München bezog ganz bewusst den öffentlichen Raum in die Spiele mit ein – so sollte die Stadt für die Teilnehmenden erfahrbarer werden. Warum nicht hier eine Pause einlegen?

Über die Werneckwiese schieben oder auf dem Radweg drumherum radeln. Über Gunezrainer- und Feilitzschstraße zur Münchner Freiheit. Mit der Clemensstraße ist eine Fahrradstraße erreicht, die in der Verlängerung geradewegs in den Olympiapark führt.

Perfekter Überblick vom Olympiaturm auf den Olympiapark.

KM 13

4

Olympiapark

Bis heute viel genutzt

Lässt es sich je sattsehen am Olympiapark (www.olympiapark.de)? Wohl kaum! Da wäre zum Beispiel die schwingende Dachlandschaft, die sich leicht und ohne Schatten über die olympischen Sportstätten spannt. Ein Dach, das an die Alpen erinnert, ohne Schattenwurf und eingebettet in die ebenso gewellte Landschaft. Zwischen Berg und See, entlang an Bäumen und Hainen, Wiesen und Sümpfen zieht sich der Radelkurs. Vorbei am Olympiaturm auch in das Olympiadorf geschaut, bevor sich die Parkrunde schließt. Kaum ein Park anderer Olympischer Spiele ist in so intensivem Gebrauch – um Sportveranstaltungen oder Musikkonzerte zu erleben, um auf täglichen Wegen hindurchzuradeln oder um auf einer der Wiesen in den Sonnenuntergang zu schauen. Am liebsten möchte man gleich hierbleiben!

Entlang des Nymphenburg-Biedersteiner-Kanals führt der Radweg am Süd-, dann am Nordufer nach Westen bis (fast) zum Schloss Nymphenburg. Kurz vorher zum Nymphenburger Kanal und damit zur prachtvollsten Zufahrt wechseln.

5

Schloss Nymphenburg

Hoch zu Ross

Im Sattel sitzend vor Schloss Nymphenburg (www.schloss-nymphenburg.de) aufzukreuzen, passt schon ganz gut, denn zu olympischen Zeiten wurden hier die Dressurwettbewerbe ausgetragen. Das 20 mal 60 Meter große Dressurviereck war im Gartenparterre eingerichtet; olympische Gottheiten wie Hera, Zeus, Aphrodite und Dionysos mussten für jene Tage ihre angestammten Plätze räumen.

Damals gewann Liselott Linsenhoff olympisches Dressur-Gold – als erste Frau überhaupt. Seit der Antike war dieser Sport männlich geprägt; erst seit den frühen 1950er-Jahren treten Frauen und Männer gleichberechtigt bei internationalen Wettbewerben gegeneinander an. Heute ist das Dressurreiten überwiegend in Frauenhand.

Tipp: Rad abschließen und eine kleine Spazierrunde im Park drehen.

Über den Wintrichring nach Moosach, auf Nebenstraßen und über die Pappelallee zum Feldmochinger See, von dort die letzten Kilometer über die Schwarzhölzlstraße und zum Regattasee.

Zu jeder Jahreszeit ein Blickfang: Schloss Nymphenburg.

Die Schleißheimer Regattastrecke gilt als eine der fairsten Wettkampfstätten in ganz Europa.

KM 37 » ZIEL

Bahnhof Oberschleißheim

KM 32

6 Regattastrecke Oberschleißheim

Gechilltes Radelfinale

Am südlichen Ende der Regattastrecke (regatta.de) einbiegend, bleibt man am besten kurz stehen, um den Blick in und über den langgezogenen Trog ausgiebig auf sich wirken zu lassen. In diesem Wasser fanden 1972 die Ruder- und Kanuwettbewerbe statt, und genauso wie der Olympiapark ist die Regattastrecke inzwischen denkmalgeschützt. Auch wenn die Bauten am anderen Ende der Strecke heute etwas vor sich hin marodieren, wirken sie doch überraschend modern.

Zum Abschluss dieses olympischen Radeltages ließe es sich sogar ins Wasser steigen, in einer ausgewiesenen Badezone oder nebenan im Regattaparksee. Oder noch etwas ausspannen am kleinen Strand, der am südlichen Ende der Haupttribüne aufgeschüttet ist und wo es Getränke und Snacks am Kiosk gibt.

Von den Parkplätzen führt ein Weg nach Oberschleißheim, ab dem Ortsrand ist der Bahnhof ausgeschildert.

EXTRA INFOS:

Perspektivwechsel: In gut einer halben Minute hievt einen der Fahrstuhl des Olympiaturms in 185 Meter Höhe und damit zu einem besonders exponierten Rundumblick auf den **Olympiapark**. Die kleine, kostenlose Alternative: auf den Olympiaberg steigen.

Olympiaalm: Am ehemaligen **Brotzeitstand** von Bauarbeitern und Landschaftsgärtnern, die den Olympiapark herrichteten, genießt man ganz ohne großen Schnickschnack eine kleine Auszeit.

Innehalten am ● **»Einschnitt«**: Was genau geschah am 6. September 1972, dem Tag des Attentats auf die israelische Olympiamannschaft? Am 2017 eingeweihten Gedenkort wird der Opfer gedacht und werden die Hintergründe der Geschehnisse erklärt.

Badersfeld
Bahnhof Oberschleißheim ZIEL
Dachau
Schloss Dachau
Oberschleißheim
Altes Schloss Schleißheim
B 471
Mückensee
OBERAUGUSTENFELD
Schwarzhölzl
Regattasee
6 Regattasee
ROTHSCHWAIGE
Karlsfelder See
A 92
B 304
Karlsfeld
Würmkanal
A 99
Waldschwaigsee
FELDMOCHING
Hauser Schloss
HÜBSCHE PAPPELALLEE
LUDWIGSFELD
Feldmochinger See
HASENBERGL
Allacher Lohe
A 99a
Fasaneriesee
Landschaftssee Allacher Lohe
FASANERIE
Lerchenauer See
LERCHENAU
KURZ UND KNACKIG ÜBER DIE GLEISE DES RANGIERBAHNHOFS
B 304
A 99
Gedenkort "Einschnitt"
MOOSACH
UNTERMENZING
Olympiapark 4
SCHNELL MAL IN DEN PARK HÜPFEN
A 8
GERN
Schloss Blutenburg
Pagodenburg
OBERMENZING
Schloss Nymphenburg 5
Badenburger See
NEUHAUSEN
MAXVORSTADT
PIPPING
MÜNCHEN
PASING
0
1
2 KM
Salvatorianer-Niederlassung

AUF EINEN BLICK

- **Start:** S-Bahnhof München-Riem
- **Ziel:** Bahnhof Oberschleißheim
- **Strecke/reine Radelzeit:** 37 km (Streckentour), 2 Std. 30
- **Höhenmeter:** ↗7 m, ↘47 m
- **Wegbeschaffenheit:** Nahezu 100 % Asphalt.
- **Beste Zeit:** Das gesamte Sommerhalbjahr, besonders schön ab Ende Mai.
- **Mitnehmen:** Eventuell Badezeug, etwas Kleingeld für einen Snack am Olympiasee, auf der Olympiaalm oder an der Regattastrecke.

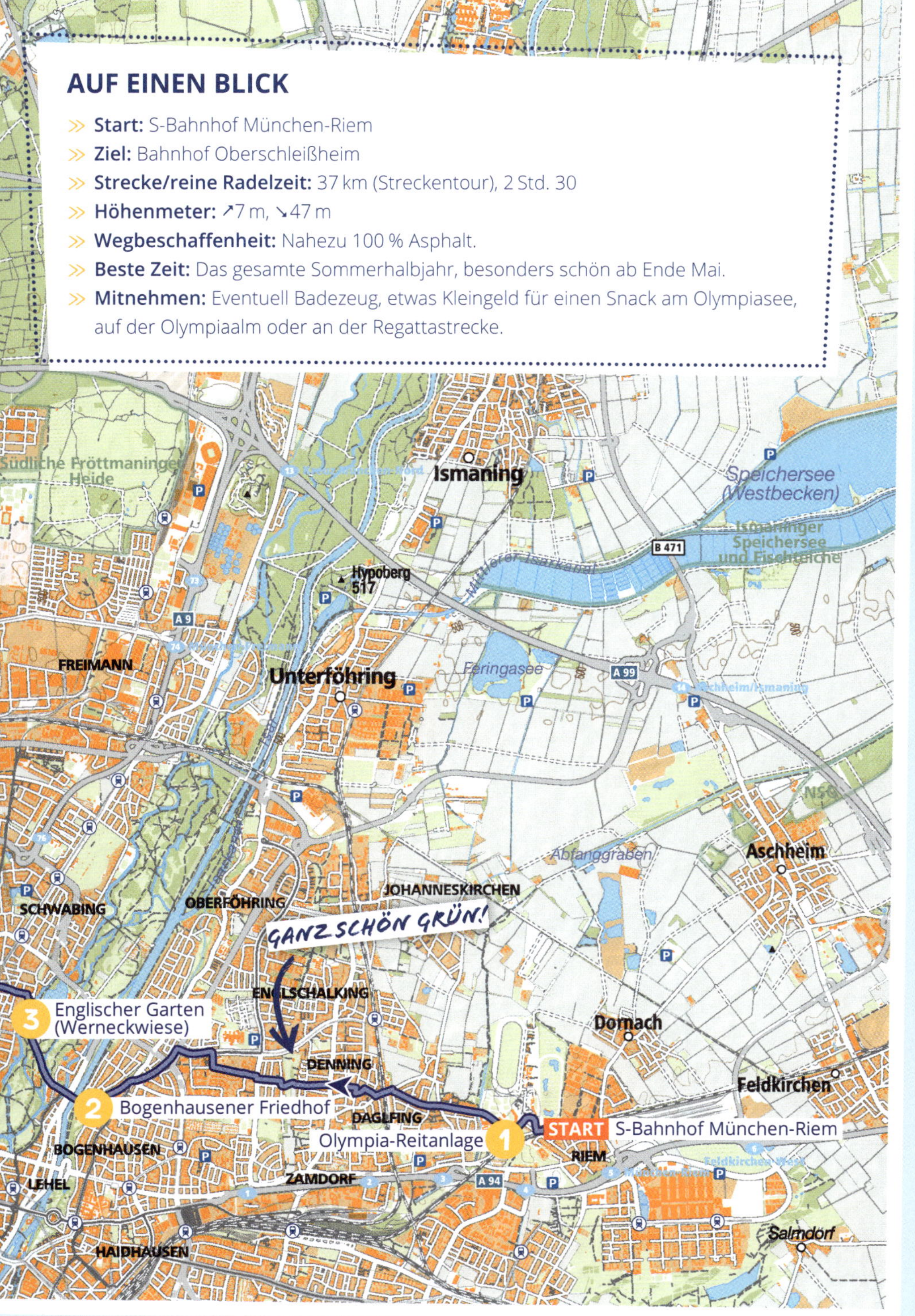

DIE RADELPAUSEN

» START
Bahnhof Dorfen

KM 1
1 Dorfen
Buntes zwischen drei Toren

KM 6,5
2 Hauser Höh
Kirchtürme zählen

KM 11
3 Wasserschloss Taufkirchen
Einmal drumrum

BAHN-TRASSEN-RADELN

Zwischen Dorfen und Velden

Wo es sich heute selbst in hügeliger Landschaft verhältnismäßig entspannt in die Pedale treten lässt, fuhr früher einmal die Eisenbahn. Die Gleise abgebaut, der Schotter passé. Bahntrassenradeln heißt es auf dieser Rundtour!

4 Velden
Herausgeputzt

KM 40,5

6 Beim Wirt z'Loh
Sonntagsbraten oder vegetarisch genießen

KM 34

5 Im Isental
Lieblicher Brückenblick

Bahnhof Dorfen

BIKE STATT BAHN

Wer einmal auf einem Bahntrassenradweg geradelt ist, wird einen solchen ab da wahrscheinlich immer wieder erkennen. Ähnlich die Wegbreite. Ähnlich der Kurvenradius, mit dem er sich durch die Landschaft schlängelt. Zudem sind Bahnradwege insgesamt ziemlich gutmütig. Streckensteigungen fallen harmlos aus, denn schließlich mussten auch frühe, noch wenig leistungsstarke Dampflokomotiven samt Waggons bei jedem denkbaren Wetter problemlos die Hügel hinauf- und hinunterkommen. Nicht immer gelang das. So gibt's auch von der Lokalbahn, die ab 1898 von Dorfen durchs Hügelland hinüber ins 21 Kilometer entfernte Velden fuhr, Geschichten wie die, dass die Lok im Schnee stecken blieb oder der Zug auf halber Strecke umdrehte, weil die Chancen auf ein winterliches Weiterkommen nahe null lagen. Fuhr sie planmäßig – und das tat sie überwiegend –, dann brauchte sie für die 21 Kilometer gut 80 Minuten, so verrät es der allererste lokale Eisenbahn-Fahrtenplan.

TOLLER ALPENBLICK: NACH GESCHAFFTER STEIGUNG HINTER GEBENSBACH FOLGT OBEN DIE BELOHNUNG

Direkt am Bahnhof von **Dorfen** ist der Einstieg in den Vilstalradweg, dessen erste Kilometer auf das einstige Bahngleisbett gelegt sind. Erstes Wegrand-Schmankerl ist eine alte Diesellokomotive. Von dort zieht sich der Radweg in weitem Bogen allmählich hinauf zur **Hauser Höh**. Früher schnaufte die Lok hier hoch, und auch mit dem Rad sind die meisten letztlich froh, es den Hügel hinaufgeschafft zu haben. Recht hübsch ist oben ein kleiner hölzerner Unterstand zum Rasten. Von da an geht's zunächst nach **Taufkirchen** überwiegend bergab, im Anschluss durch Wiesen nach **Velden**, wo man auch schon das Ende der einstigen Bahnlinie erreicht hat.

Der autofreiste Weg zurück nach Dorfen wäre, einfach umzudrehen. Doch auch auf der alternativen, mit Alpenblicken gespickten Strecke über **Wörth** ist nur wenig los. Und so wird der Ausflug zur echten Rundtour. In Schwindegg ließe sich über ein frühes Ende nachdenken, aber dann würde man den abschließenden schmackhaften Einkehrschwung **Beim Wirt z'Loh** verpassen, was wirklich schade wäre. «

Einiges an Muskelarbeit war einst gefragt im Führerhaus der Kleinlokomotive.

Nicht zu verfehlen: An den Museumsstücken radelt man direkt vorbei.

Die dünnen Handschuhe, die es am Herbstmorgen vielleicht braucht, verschwinden bei Sonne bald in der Jackentasche.

RADELN & GENIEẞEN

Von Dorfen nach Velden ... und bei anderer Gelegenheit weiter die Vils hinunter.

»START

Bahnhof Dorfen

Am östlichen Ende des Bahnhofsparkplatzes ***führen Gleisreste über die Straße. Ein Hinweisschild*** *Vilstalradweg markiert Kilometer 0,030 auf dem Weg nach Velden.*

Bunt bemalt und bewimpelt: die Häuser in der Altstadt von Dorfen.

KM 1

1 Dorfen

Buntes zwischen drei Toren

In farbenfrohen Pastelltönen schmücken Bürgerhäuser – eine Reihe von ihnen mit Barock- und Biedermeierfassaden – die Dorfener Altstadt. Mit gleich vier Marktplätzen, die eine Art Kreuz bilden, wartet der Ort auf, und es ließen sich noch ein paar Extrarunden ziehen, so viel Hübsches ist zu entdecken in dem Ensemble, zu dem auch drei alte Stadttore gehören. Bei genauerem Hinsehen fällt hin und wieder auch Leerstand auf, wie man ihn aus den allermeisten Kleinstädten kennt. Wie lebendig-gemütlich es dennoch zugeht, davon kann man sich beispielsweise in Martins Backstube (www.martins-backstube.de) überzeugen, wo sich selbst ein herbstlicher Morgennebel genussvoll aussitzen lässt.

Nach dem Abstecher zurück zum Abzweig. Weiter dem Bahntrassenradweg nach Norden folgen.

nter der Hauser Höh heißt es erst einmal: mütlich rollen lassen.

KM 6,5

2

Hauser Höh

Kirchtürme zählen

Einheimische nennen diesen Punkt Hauser Höh. Weil hier ein hübscher Unterstand eingerichtet ist und der nach Südosten abfallende Hang den Flurnamen Weinberg trägt, ist dieses Plätzchen auch als Rastplatz am Weinberg bekannt. Bei passabler Sicht lässt sich auf den Höhen leicht ein Dutzend Kirchtürme oder mehr ausmachen.

Zwei Meter fehlen bis zur 500. Trotz der nicht ganz runden Zahl markiert diese Stelle den höchsten Punkt der Bahnstrecke. Die kleine Dampflok, die sich hier anfangs den Berg hinaufkämpfte, schaffte vor Ort gerade mal zehn Kilometer pro Stunde, so ist es überliefert.

Ab jetzt geht's viel bergab. Bis nach Taufkirchen.

KM 11

3

Wasserschloss Taufkirchen

Einmal drumrum

Ein kurzer Blick lässt sich zwar sogar vom Bahntrassenradweg erhaschen, dennoch lohnt ein kleiner Abstecher am Fußballplatz vorbei und hinunter zu dem prächtigen Wasserschloss (www.wasserschloss-taufkirchen.de). Seit dem Mittelalter diente es vielen Adelsfamilien als günstig gelegener und repräsentativer Wohnsitz, zuletzt war es allerdings zum Spekulationsobjekt degradiert. 2016 hat die Gemeinde das Zepter in die Hand genommen, seither finden in Insellage immer wieder auch öffentliche Kulturveranstaltungen statt. Ansonsten ist's oft recht ruhig, und von einer Steinbank am Wasser kann man dem Treiben der Enten zuschauen. Oder man umrundet das Schloss einmal, bevor es zurück auf den Bahntrassenradweg geht.

Auch im weiteren Verlauf ist die Orientierung kinderleicht: immer dem Bahntrassenradweg folgen.

Ein paar Meter links des Wegs: das Wasserschloss von Taufkirchen.

Hübsch hergerichtet: der ehemalige Bahnhof von Velden.

KM 34

5 Im Isental

Lieblicher Brückenblick

Der Landstrich, der seinen Namen von dem 76 Kilometer langen Flüsschen hat, präsentiert sich hügelig und überwiegend still. Kommt man auf besonders naturbelassene Regionen Altbayerns zu sprechen, fällt unweigerlich der Name Isental. So gesehen, ist es dann auch kein Wunder, dass der Widerstand gegen den Bau einer Autobahn durch dieses hübsche Fleckchen Erde so vehement war. Mehr als drei Jahrzehnte sollte es dauern, bis jede gerichtliche Instanz durchlaufen und der Betonschnitt durch die Landschaft endgültig durchgeboxt war. Nur drei Kilometer entfernt rauschen die Autos dahin – kaum zu glauben, so lieblich, wie sich der Blick von der Wörther Brücke über die Isen gibt.

Durch Schwindegg (dort Option zum Tourende). Nun noch ein paar allerletzte sanft gewellte Steigungen, dabei immer dem grünen Fahrrad auf weißem Grund Richtung Westen folgen.

KM 20,5

4 Velden

Herausgeputzt

Velden empfängt Bahntrassenradelnde mit einer echten Schokoladenseite, denn der ehemalige Bahnhof, zweigeschossig aus roten Klinkern erbaut, wurde akribisch restauriert. Gleich nebenan, vor einem ebenso klinkerroten Güterschuppen, steht ein grüner Bahnwaggon, namensgebend für den kleinen Biergarten Zum Waggon. Mit etwas Glück ist der sogar geöffnet. Kleines Extra: Ins Veldener Zentrum sind's nur noch ein paar Meter, ganz zum Schluss sogar kurz mal etwas hoch, denn der L-förmige Marktplatz liegt an einem Hügel.

Etwa zwei Kilometer zurück. Dann statt dem Bahntrassenradweg der Straße nach Winkl, Gebensbach und dort weiter nach Buchbach und Wörth folgen.

Wörther Brückenblick über die Isen.

Gemütliche Stube mit Kachelofen beim Wirt z'Loh.

EXTRA INFOS:

In **Dorfen** (Stopp 1) gibt's den sehr rührigen Historischen Kreis (www.historischer-kreis.de). Die Mitglieder präsentieren im Heimatmuseum Regionalgeschichte, machen auf der Vereinswebsite historische Fotos zugänglich und laden regelmäßig zu Ortsführungen.

Wer nun schon einmal nach Loh gefunden hat, mag möglicherweise noch bleiben. Schließlich sind nicht alle Tage hochsommerlich lang und bald nach dem Abendessen kann's schon auch dunkel werden. Vier charmant eingerichtete Zimmer **Beim Wirt z'Loh** (Stopp 6) kommen da wie gerufen.

KM 40,5

6 Beim Wirt z'Loh –

Sonntagsbraten oder vegetarisch genießen

Wer nicht gerade weiß, was sich an dem Abzweig nach Loh verbirgt, strampelt glatt daran vorbei. So aber geht's im Sausewind das Sträßlein hinab durch das Wäldchen, hinter dem in der Senke sogleich das Moier-Anwesen auftaucht. Schon in den 1930er-Jahren befand sich hier eine einfache Bauernwirtschaft. Heute begeistert ein kleines Speiselokal mit typisch bayerischer Küche in der gemütlichen Gaststube, im Bierkammerl und im Rossstall die Gäste. Bei trockenem, warmem Wetter auch draußen. Seit 1928 wird auf dem Hof zudem Bier gebraut. Auf kürzerem Weg gibt's das Bräu z'Loh nirgends.
Kurz vor der Tour informiert man sich am besten nochmal, wie Beim Wirt z'Loh (www.wirtzloh.de) geöffnet ist.

Wieder den Berg hinauf zurück zur Straße und der Radausschilderung zurück nach Dorfen folgen.

KM 46 » ZIEL

Bahnhof Dorfen

Beim Wirt z'Loh finden sich neben bayerischen Klassikern auch vegetarische Gerichte auf einer kleinen Karte.

AUF EINEN BLICK

- **Start/Ziel:** Bahnhof Dorfen
- **Strecke/reine Radelzeit:** 46 km (Rundtour), 3 Std. 45
- **Höhenmeter:** ↗169 m, ↘169 m
- **Wegbeschaffenheit:** Durchgehend Asphalt; zwischen Dorfen und Velden autofrei auf der ehemaligen Bahntrasse.
- **Beste Zeit:** Sehr gut zu fahren; durchaus für einen Früh- oder Spätstart im Radeljahr geeignet.
- **Mitnehmen:** Snack und Getränk.

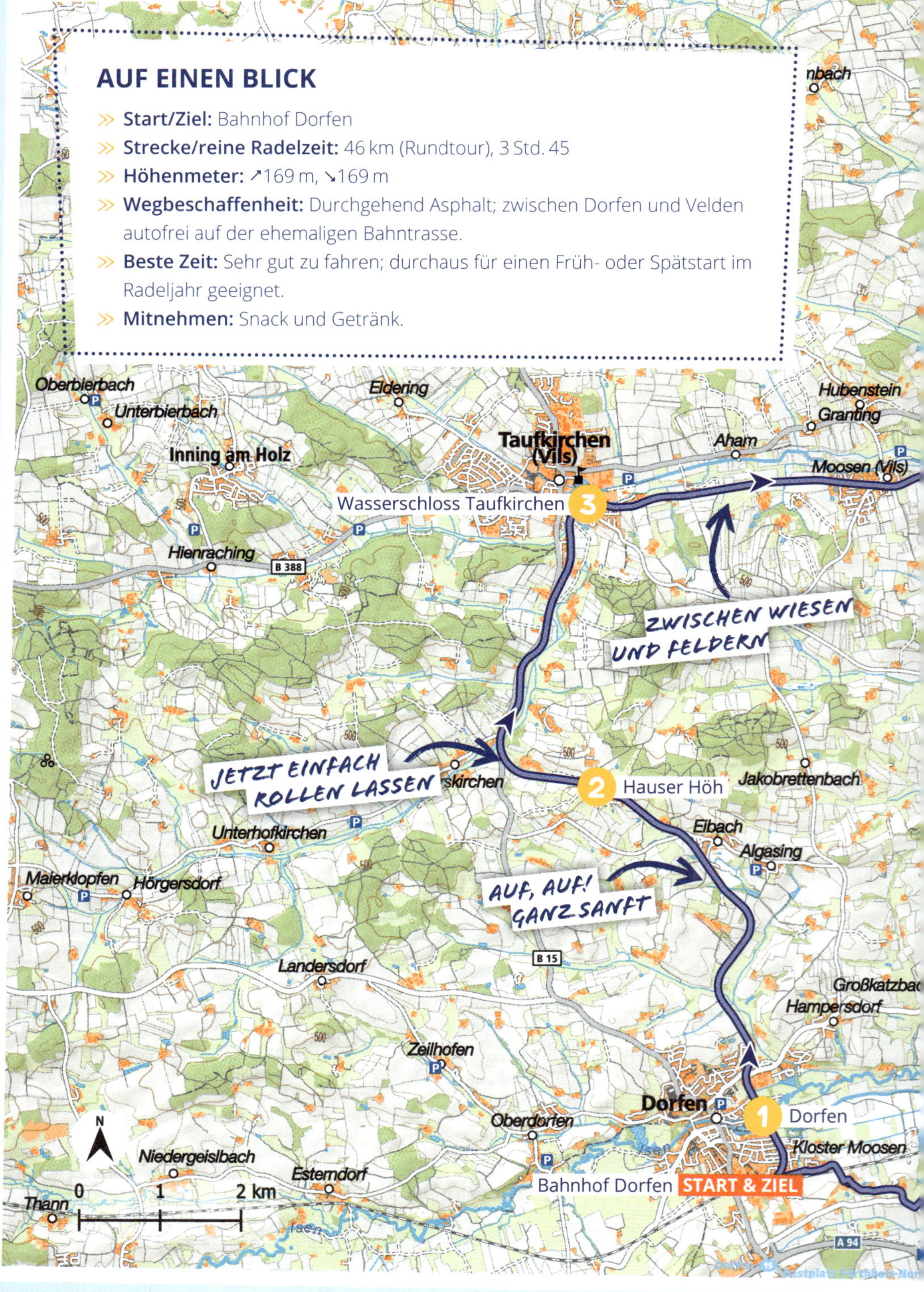

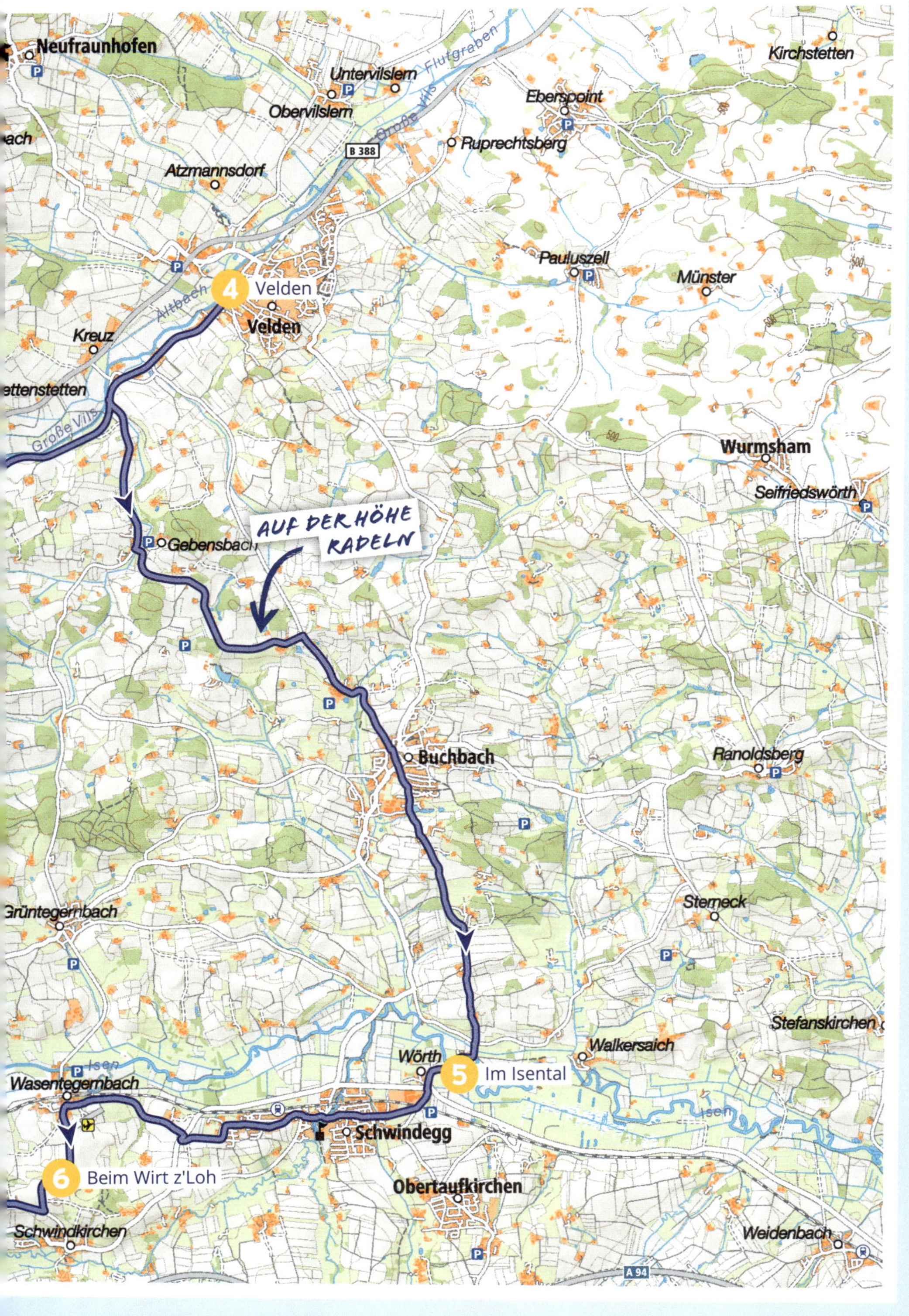

Neufraunhofen
Untervilslern
Obervilslern
Flutgraben
Große Vils
B 388
Ruprechtsberg
Eberspoint
Kirchstetten
Atzmannsdorf
Altbach
4 Velden
Velden
Pauluszell
Münster
Kreuz
Große Vils
Wurmsham
Seifriedswörth
Gebensbach
AUF DER HÖHE RADELN
Buchbach
Ranoldsberg
Grüntegernbach
Sterneck
Stefanskirchen
Walkersaich
Wörth
5 Im Isental
Isen
Wasentegernbach
Schwindegg
6 Beim Wirt z'Loh
Obertaufkirchen
Schwindkirchen
Weidenbach
A 94

DIE RADELPAUSEN

» START
S-Bahnhof Großhelfendorf

KM 10

Feldolling
Hallo Mangfall!

KM 14,5
2 Bruckmühl
Immer der Nase nach

KM 21,5
3 Bad Aibling
Hindurch statt nur vorbei

7 KLEIN & KRAFTVOLL

An der Mangfall nach Rosenheim

»Hach«, möchte man immer wieder beglückt über die Mangfall hinweghauchen, wenn man an einem Hochsommertag in das vielerorts idyllisch wirkende Treiben entlang des oberbayerischen Flüsschens eintaucht.

KM 30

4 Kolbermoor
Wo einst gesponnen wurde

KM 37

5 Innspitz
Wasser mischen

KM 39

6 Lokschuppen Rosenheim
Welten erkunden

KM 40 » ZIEL

Bahnhof Rosenheim

GESCHICHTE(N) AM WASSER

Um die heitere Seite der Mangfall zu genießen, muss man nicht auf einen vermeintlich perfekten Sommertag warten. Schon im Frühling kehrt mit den ersten intensiveren Sonnenstrahlen Leben an die Flussufer zurück.

Los geht's am S-Bahnhof Großhelfendorf durch Kleinhelfendorf und Blindham, immer wieder durch Wald und bergab, und ratzfatz sind die ersten zehn Kilometer geradelt. In **Feldolling** ist der Fluss schließlich erreicht. Aber woher kommt der eigentlich?

AN EINER DER SOHLRAMPEN SCHUHE AUS UND REIN INS WASSER. MIT DEN FÜSSEN ODER AUCH GANZ

Die Mangfall holt sich ihr Wasser aus dem Tegernsee. Schon im Mittelalter haben die Menschen die Kraft des Flusses für das Triften von Holz, zur Gewinnung von Energie und zum Antreiben von Mühlen genutzt. Mit der fortschreitenden Industrialisierung im 19. Jahrhundert siedelten sich dann mehr und mehr Fabriken an der Mangfall und den parallel dazu gebauten Kanälen an. Auch die Maximiliansbahn – die erste West-Ost-Zugverbindung durch Bayern – befeuerte ab 1851 die Entwicklung der Region. Nächste Haltepunkte an dieser Strecke: **Bruckmühl** und **Bad Aibling**.

Auf der Karte scheint es, als lägen Mangfall und Kanäle wie Fäden nebeneinander. Hin und wieder überkreuzen sie sich, nur um gleich wieder Seite an Seite ein Stück durch die Landschaft und nach **Kolbermoor** zu laufen. Dazwischen viel Grün und verlockende Plätze, um ins flache Nass zu steigen.

Der genauere Blick zeigt: Über Jahrzehnte wurde die Mangfall begradigt und verbaut und ihre Fließgeschwindigkeit reguliert – zum Nachteil der Natur. Inzwischen ist eine Kehrtwende vollzogen, viele Flusskilometer sind renaturiert. Naturnahe Sohlrampen aus großen Steinen und Felsblöcken lassen Fische wieder leichter den Fluss hinaufwandern. Auch das eigene Auge genießt. Statt in einem engen Korsett fließt die Mangfall oft wieder vergleichsweise natürlich dahin, mal schneller, mal langsamer. Bis sie in Rosenheim ihr Wasser an der **Innspitze** mit neuem Gebirgswasser mischt.

Warm geworden unterwegs? Dann zum Abschluss nichts wie rein in den **Lokschuppen** und noch die aktuelle Ausstellung anschauen. «

Flussplatz mit Bergblick. – Entlang der Mangfall findet sich ganz einfach (mindestens) ein Lieblings-Örtchen.

Zum Abschluss: absteigen und durch die Rosenheimer Innenstadt schlendern.

Bunte Spindeln berichten: Von 1863 bis 1993 wurden in Kolbermoor Garne gesponnen.

RADELN & GENIEßEN

S-Bahnhof Großhelfendorf

Über Kleinhelfendorf, Blindham und Altenburg dem Radweg nach Westerham folgen. Rosenheim ist bereits relativ früh ausgeschildert.

Renaturiert: die Mangfall darf sich an vielen Stellen wieder mehr Raum nehmen.

KM 10

1 Feldolling

Hallo Mangfall!

Gestatten: Die Protagonistin dieser Radelrunde tritt auf. Hier auf der Feldollinger Brücke kann man schon mal »Hallo« sagen, bevor es auf dem Radweg links der Mangfall weitergeht, zunächst noch mit einer Häuserzeile Abstand. Der Fluss selbst hat an dieser Stelle schon etwa die Hälfte seiner insgesamt 58 Kilometer gemütlich schlängelnd hinter sich gebracht. Seit etwa 200 Jahren geht's für ihn ab hier in deutlich geraderen Bahnen weiter. Damals stieg das wirtschaftliche Interesse, mit einigem Aufwand das Wasser so hin und her und in Kanäle wegzuleiten, dass neu erbaute Fabriken die Wasserkraft nutzen konnten.

Links von der Mangfall bleiben und dem Weg bis Bruckmühl folgen.

Am Auwald-Biotop: Mini-Flöße bauen mit Naturmaterial.

Kaffee gefällig? – Radelpause in Bad Aibling.

KM 14,5

2 Bruckmühl
Immer der Nase nach

Plötzlich ist da dieser Geruch von Kräutern. An manchen Tagen wabert er durch halb Bruckmühl. Der Grund dafür taucht links des Weges auf und ist grün: die Saluswerke, in denen das Unternehmen seit gut 100 Jahren Naturheilmittel wie Tees, Elixiere und Tinkturen mischt und verpackt.
Direkt gegenüber liegt einer der letzten Mangfall-Auwälder, stark beeinflusst vom permanent wechselnden Wasserstand des Flusses und ein Refugium heimischer Vögel. Einen Teil des Waldes kaufte Salus in den 1990er- Jahren und schützt ihn seither (naturerlebnis-bruckmuehl.de). Dazu gehören ein Alpinum, ein Farnwald und eine Lichtung mit Kräutergarten. Das Biotop und eine Ausstellung sind im Sommerhalbjahr an mehreren Nachmittagen pro Woche geöffnet. Alternativ eine individuelle Führung vereinbaren.

Zum Weiterradeln auf die Kanalstraße zwischen Mangfall und Kanal und der Radweg-Ausschilderung folgen.

KM 21,5

3 Bad Aibling
Hindurch statt nur vorbei

Über eine kleine Fuß- und Radbrücke einen Schlenker ins Städtchen machen. Entlang einer einstigen Bahntrasse spenden heute Ahornbäume angenehmen Schatten auf der Strecke vom Mangfallradweg Richtung Ortsmitte. Gleich beim Bahnhof: Bücher Johann. Der Inhaber ist ein begeisterter Radler, was sich regelmäßig in entsprechenden Thementischen und -schaufenstern widerspiegelt. Auch sonst sind die Bücher, Schreibwaren und Spiele mit viel Gespür und Bedacht ausgewählt. Noch um ein paar Kurven, schon hält man am Marienplatz. In der Kirchzeile stehen die Häuser eng an eng mit Bäckerei, Café, Bar, Restaurant – eine ansehnliche Auswahl.
Schon 1845 eröffnete in Aibling eine Sole- und Moorschlamm-Badeanstalt – damals die erste derartige Einrichtung in ganz Bayern. Ende des 19. Jahrhunderts kam der Titel Heilbad hinzu, seitdem trägt der Ort das Bad auch im Namen.

Über die Rosenheimer Straße – mit Radstreifen, aber recht befahren und mitunter etwas unangenehm – zurück zur Mangfall und dem Radweg südlich des Flusses folgen.

Zeit lassen fürs Industrie-Architektur-Schauen in Kolbermoor.

KM 30

Kolbermoor

Wo einst gesponnen wurde

In Kolbermoor schieben sich ein sechsstöckiges Werksgebäude aus rotem Backstein und ein hoher Schornstein ziemlich prominent ins Bild: die ehemalige Baumwollspinnerei, die 1863 in Betrieb ging.

Einst verarbeitete die Belegschaft auf bis zu 110 000 Spindeln Rohbaumwolle zu Garn. Einige dieser Spindeln sind bunter Blickfang einer Infotafel an der nordöstlichen Ecke des heute als Büro- und Wohnhaus genutzten Industriebaus.

Ein paar Meter weiter auf einem Holzsteg über den Kanal geht's zum Café Kuchenträume (www.konditorei-kuchentraeume.de). Ähnlich beliebt ist das Eiscafé Rialto neben der Kirche. Wieder auf Radelkurs folgt gleich noch ein Architektur-highlight: die Werksiedlung der Baumwollspinnerei. Sie gilt als das bayernweit bedeutendste Ensemble ländlichen Siedlungsbaus der frühen Industrialisierung.

Der Ausschilderung Richtung Rosenheim folgen, dabei je nach Wegführung ab circa Kilometer 32 wieder ans rechte Mangfallufer wechseln.

KM 37

5 Innspitz

Das Wasser tanzen sehen

Der Name ist Programm: Im spitzen Winkel fließt die Mangfall in den Inn. Das kleine Stück Land zwischen den Flüssen ist dann auch als Innspitz bekannt. Nach vorne, direkt zur »runden Spitze« kommt immer wieder mal jemand zum Schauen. Insgesamt ist es aber ruhig, sodass man ausgiebig das Vermischen des Wassers beobachten kann. Der Inn ist oft eher milchig oder braun, die Mangfall vergleichsweise klar und grün. Wo die Wassermassen ineinandergreifen und ihren Tanz vollfühlen, lassen sich mitunter ganze Fischschwärme beobachten, die zwischen den sonnenbeschienenen Ufersteinen hin- und herflitzen.

Gegenüber spannt sich brückenartig ein Holzsteg ein Stück über die Mangfall, von dort ergibt sich ebenfalls ein guter Blick auf die Szenerie.

Die Innenstadt liegt südwestlich der Innspitze. Ausschilderung so lala, etwas nach Gespür fahren und Ludwigsplatz bzw. Mittertor ansteuern, im Zweifel fragen. Durch die Fußgängerzone schieben. Am Ende links in die Prinzregentenstraße (später Rathausstraße) direkt zum Lokschuppen.

Auf den allerletzten Flussmetern: im Rosenheimer Mangfallpark.

Ob Bajuwaren, Gewürze, Tiefsee oder Eiszeit ... die Ausstellungsthemen im Lokschuppen Rosenheim sind bunt.

KM 39

6 Lokschuppen Rosenheim

Welten erkunden

Als 1858 die Maximiliansbahn von München nach Kufstein eingeweiht wurde, bekam Rosenheim einen Lokschuppen. Hier wurden die Loks repariert und gewartet. Weil der Eisenbahnverkehr schnell zunahm und in Rosenheim an anderer Stelle ein neuer Bahnhof mit mehr Platz hermusste, diente der Lokschuppen bald als städtisches Lager, später als Archiv, Bibliothek und Turnhalle. Seit den 1980er-Jahren sind in dem mittlerweile denkmalgeschützten Klinker-Halbrund jährlich wechselnde kulturhistorische, völker- und naturkundliche Sonder- und Landesausstellungen zu sehen (www.lokschuppen.de). Vor, nach oder auch mitten im Ausstellungsrundgang kann man sich in der Kaffeebar Lokeria im Foyer stärken.

Die Radausschilderung zum Bahnhof könnte besser sein – letztlich geht's aber im Uhrzeigersinn um den Lokschuppen, später links in die Reifenstuelstraße.

KM 40 » ZIEL

Bahnhof Rosenheim

Das Wasserrad in Bruckmühl erinnert an die namensgebende Mühle zu Bruck, dreht sich jedoch heute nur noch symbolisch.

Aying
Münster
Haslach
Graß
Frauenreuth
Glonn
Piusheim
Biberg
Weidach
Antholing
Jakobsbaiern
Göggenhofen
NSG
S-Bahnhof Großhelfendorf
START
Kleinhelfendorf
Unterlaus
Großhelfendorf
DURCH SCHATTENSPENDENDEN WALD
Glonn
Schloss Höhenrain
Großhöhenrain
Grub
Aschbach
Wallburg
Schloss Altenburg
Feldkirchen
Sollach
Hohendilching
Feldkirchen-Westerham
Feldolling
Schloss Maxhofen
Valley
Schloß Valley
Feldolling
1
Kirchdorf am Haunpold
Högling
Bergham
Unterdarching
AUGEN AUF: MITTEN IN DEN FELDERN EIN PRACHTVOLLER (PAUSEN-)BAUM
2
Bruckmühl
Mangfall
Heufeldmühle
Vagen
Bruckmühl
Hinrichssegen
Holzolling
NSG
Schloss Vagen
Neuburg
Götting
Mitterdarching
A 8
Oberdarching
Weyarn
IMMER SCHÖN AM FLUSS ENTLANG
Sankt Peter und Paul
Großseeham
Kreuzberg 712
Seehamer See
Thalham
Irschenberg
Großpienzenau
Irschenberg 756
Gotzing
Kleinpienzenau
N
Mangfall
0
1
2 KM
B 472
Schlierach
Miesbach
Vogelherd 822
Burgruine Altenwaldeck

AUF EINEN BLICK

- **Start:** S-Bahnhof Großhelfendorf
- **Ziel:** Bahnhof Rosenheim
- **Strecke/reine Radelzeit:** 40 km (Streckentour), 3 Std.
- **Höhenmeter:** ↗47 m, ↘212 m
- **Wegbeschaffenheit:** Abwechselnd Asphalt und feiner Schotter.
- **Beste Zeit:** Gut auch früh oder spät im Radeljahr zu fahren. Besonderer Wasserspaß im Hochsommer.
- **Mitnehmen:** Trinkflasche nicht vergessen. Im Hochsommer kleines Handtuch.

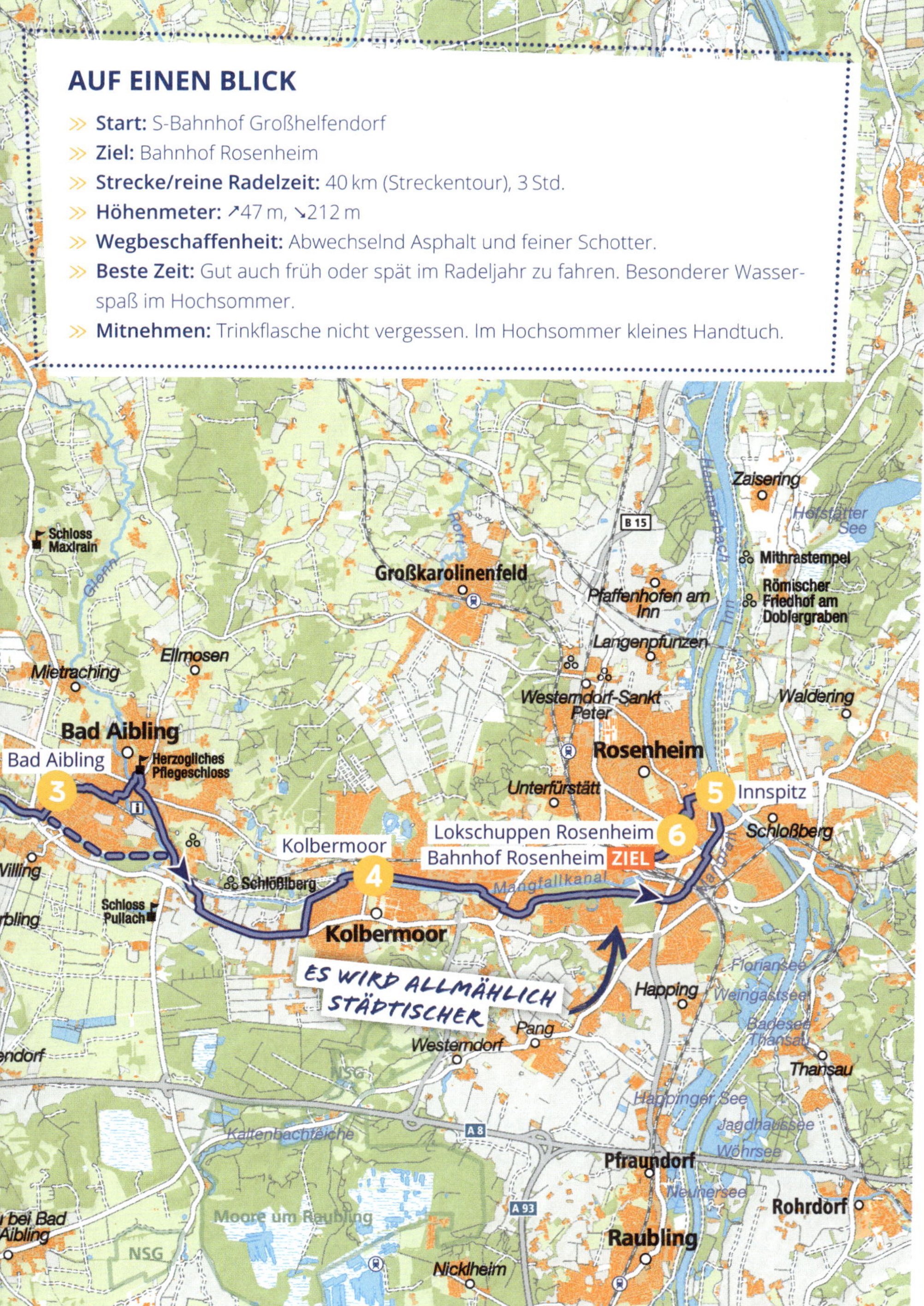

DIE RADELPAUSEN

» START
Bahnhof Erding

KM 2
1 Stadtpark Erding
Umarmt von der Sempt

KM 6,5
2 Bergham Hirtenhaus
Kleine Zeitreise

KM 12

Wörth
Mitten im (Dorf-)Leben

Von der Sempt in den Ebersberger Forst

Werden Ziele für zukünftige Radtouren ausgewählt, haben Flüsse mit der Vorsilbe »Neben-« oft schlechte Karten. Grund genug, an der Sempt mit derlei Vorurteilen aufzuräumen und das Ganze mit einer Stippvisite im Wald zu verbinden.

KM 15
4 Unterschwillach
Tretboot fahren

KM 35
6 Egglburger See
Den Tag verlängern

KM 30
5 Ebersberger Forst
Waldtiere beobachten

KM 39 » ZIEL
Bahnhof Ebersberg

NEBENFLUSSRADELN

So zwischen knapp 40 und fast 50 Kilometer sind es, die sich die Sempt rechts der Isar durch die Landschaft schlängelt. Dass die Angaben variieren, mag an den vielen Schleifchen liegen, die der kleine Fluss dort, wo er nicht irgendwann im Laufe der Geschichte begradigt wurde, immer wieder formt.

Nur ein paar Kilometer entlang des Oberlaufs der Sempt reichen jedenfalls schon aus, um ein paar Vorzüge vom Nebenflussradeln zu benennen. Zunächst das Gefühl, einigermaßen allein an genau diesem Tag genau diese Idee gehabt zu haben. Und weil die Strecke gar nicht erst das Durchradeln riesiger Landschaften verspricht, darf man sich auch immer wieder viel Zeit für Pausen lassen. Denn ja, mitunter ist's schon am Startpunkt ein wenig schwierig, sich loszueisen.

AB ENDE JUNI SIND DIE HIMBEEREN REIF UND VERSÜSSEN DEN WEG DURCH DEN EBERSBERGER FORST

Am S-Bahnhof lockt der Wegweiser ME Museum Erding auf direktem Weg Richtung Innenstadt. Das Museum ist ein Hingucker: An einen weißgetünchten Altbau dockt ein mit Messingschindeln verkleideter Neubau an. Es ist erst nachmittags geöffnet, doch schon lenkt unwiderstehlicher Backstubenduft die Aufmerksamkeit auf die Frage, ob man alles für den Radeltag dabeihat oder doch noch eine frisch belegte Semmel kaufen sollte.

In der Altstadt und im **Stadtpark** ist die Sempt immer nah. Einen Schlenker weg vom Fluss braucht es derweil, um zum ältesten bäuerlichen Wohngebäude weit und breit zu gelangen, dem **Herderhaus** in Bergham. Während sich das kleine Wasser zwischen Wiesen und Feldern weiter durch sein offenes Tal schlängelt, geht's auf einer wenig befahrenen Nebenstraße durch leichte Hügellandschaft über Pretzen und **Wörth**, dann weiter nach **Unterschwillach**.

Jetzt einfach treiben lassen auf dem Sempt-Mangfall-Radweg. Statt auf den letzten Kilometern allzu direkt dem Zielpunkt entgegenzuradeln, lassen sich Waldwege durch den **Ebersberger Forst** nehmen, vorbei am beschaulich gelegenen **Egglburger See**. Etwas oberhalb des Wassers eine Weile in den Sonnenuntergang zu schauen macht diesen gemütlichen und dennoch eindrucksreichen Tag dann richtig rund. «

Einfach köstlich, diese sommerlichen Himbeerpausen.

Kurz mal kräftiger treten: Sieht nicht so aus, doch im Ebersberger Forst geht's direkt etwas bergauf.

Farbenfroh: Erdinger Fassaden.

RADELN & GENIEßEN

»START

S-Bahnhof Erding

Gegenüber dem Bahnhof dem Wegweiser nach links und gleich wieder rechts zum Museum Erding und zur Innenstadt folgen, später in die Straße Am Stadtpark abbiegen.

Von außen zu bewundern – und einmal im Jahr (Ende Juni) steht die Tür zum Hirtenhaus auch offen.

KM 2

1 **Stadtpark Erding**

Umarmt von der Sempt

Ganz früher gab es hier mal einen Klostergarten, später einen privaten Schlossgarten. Seit Ende des 19. Jahrhunderts ist der Park öffentlich zugänglich. Er erfuhr mehrere Erweiterungen, verwilderte aber allmählich. Dann, 2012, ein Neuanfang: Bäume erhielten einen Schnitt, Gehölze eine Pflege, unterschiedlichste Wohlfühlecken entstanden. Wie der einem Keltendorf nachempfundene Holzspielplatz für Kinder, eine Himmelsleiter – Aussichtspunkt und Kunstinstallation in einem – sowie Sitzstufen am Semptufer. Zusammen mit Tiergehege, Streuobstwiese und anderem mehr bilden sie nun das wertvolle grüne Herz des Städtchens, in dem sich gleich zum Tourstart die erste Pause einlegen lässt.

Vorbei an der Kirche Altenerding nach Bergham.

Fast schon bukolische Momente an der Sempt in Erding.

KM 6,5

2 Bergham Hirtenhaus

Kleine Zeitreise

Mehr als hundert Linden, dazwischen Eschen, verteilen sich auf einem alten Lindenhain in Bergham. Hier befindet sich auch das Herderhaus, ein Blockhaus mit strohgedecktem Walmdach. Bis in die 1950er-Jahre lebte dort der Herder, wie der Hüter der Dorfschafe hieß.

Das Haus gibt's in seinem heutigen Zustand schon seit etwa 1650. Im Inneren, abgehend von einem Flur, zwei Teile: links die Stube, die Feuerstelle sowie die Kammer für die Kinder. Rechts der Stall – fünf, sechs Schafe, die dem Herder selbst gehörten, kamen hier unter. Im Obergeschoss lagerte das Heu.

Zum jährlichen Hirtenfest Ende Juni kann man das Herderhaus besichtigen. Es ist ein Unikum in ganz Bayern, denn während andere irgendwann verschwanden oder ihren Weg in Freiluftmuseen antraten, steht es bis heute an seinem ursprünglichen Platz.

An der Ampelkreuzung nach links, über die Bahnschienen, im Kreisverkehr geradeaus und der Ausschilderung nach Petzen folgen.

Freundlicher Empfang in Wörth.

3 Wörth

Mitten im (Dorf-)Leben

Fast scheint es, als hätte man das »Griaß eich« bayrisch-sonor direkt im Ohr, mit dem Wörth am Ortseingang Neuankömmlinge und Altbekannte begrüßt. An einer Kreuzung weist ein kleines Schild zum Dorfladen (www.dorfladen-woerth.de). Seine Adresse: Am Platzl 1, in einem Haus mit der Gemeindebücherei. Im Rücken die Grundschule, daneben die Dorfkirche, davor der Maibaum, der zentrale Platz im Ort.

Die Ladenfenster werben neben hausgemachten Aufstrichen, Marmeladen und Gewürzmischungen für regionale Lieferanten: Heumilch vom nahen Milchhof, Freilandgemüse aus Ottenhofen. Auch die beliefernde Metzgerei bürgt mit ihrem Namen. Semmeln, Brezen und anderes Gebäck kommen aus einer kleinen Familienbäckerei. Falls Radeltasche und Magen leer sind, wäre hier – zumindest unter der Woche – gut ein Päuschen einzulegen und dem zuzuschauen, was mitten im Dorf passiert. Oder nicht passiert.

Zurück zur Kreuzung und weiter gen Süden.

Kreativ konstruiert. Und funktionstüchtig: Tretboot auf der Schwillach.

KM 15

4 Unterschwillach

Tretboot fahren

Unterschwillach besteht aus der Kirche zum Heiligen Stephan, ein paar alten Bauernhöfen sowie einer Handvoll neuerer Häuser und liegt an der Schwillach. Wie große Teile des Sempt-Schwillach-Tals ist die Gegend recht hochwassergefährdet. Derzeit angedachte Lösung: die Moore wieder vernässen und die Flüsse frei in ihren alten Mäanderarmen fließen lassen. An der Keckmühle in einer langgezogenen Kurve nördlich der Ortschaft lässt sich beim Tretbootfahren auf der Schwillach weiter darüber sinnieren. Jeder darf das. Auf eigene Gefahr. Man muss einzig die einfache Halterung lösen. Das eigentümliche Gefährt im bayerischen Weiß-Blau hält sich dank zweier alter Surfboards über Wasser. Diese sind verbunden mit zwei Metallstangen, darauf ein alter Fahrradrahmen. Die Fahrradkette bewegt zwei kleine Schaufelräder am Bug. Getauft ist das famose Tretboot auf den Namen Seewolf.

Ab hier helfen die Wegweiser Sempt-Mangfall-Radweg oder Ebersberg zur Orientierung; hinter Schwaberwegen rechts in den Wald.

KM 30

5 Ebersberger Forst

Waldtiere beobachten

90 Quadratkilometer misst der Ebersberger Forst, eines der größten zusammenhängenden, siedlungsfreien Waldgebiete hierzulande. Sein schachbrettartiges Raster erhielt er Mitte des 18. Jahrhunderts, als jeweils 400 mal 400 Meter große Waldstücke ausgemessen und dazwischen forstwirtschaftliche Wege, sogenannte Geräumte, angelegt wurden. Im 19. Jahrhundert fraßen erst Raupen große Teile des Walds kahl, dann wütete ein Wirbelsturm. Zurück blieb eine riesige Kahlfläche, die 700 Holzarbeiter in einem halben Jahr aufräumten und richteten.

Obwohl seither Fichten-Monokultur, ist der Ebersberger Forst sehr wertvoll und Lebensraum streng geschützter Tiere wie der Gelbbauchunke und der Bechstein-Fledermaus.

Zu Hause sind hier auch viele größere Waldtiere wie Rotwild, die man mit etwas Glück von zwei Beobachtungstürmen aus zu Gesicht bekommt, ohne zu stören.

Vom Forsthaus Hubertus nach Süden gen Ebersberg, durch das Türchen eines Wildzauns schlüpfen, kurz schieben.

KM 35

6 Egglburger See

Den Tag verlängern

Im Ebersberger Forst geht die Münchner Schotterebene in die Endmoränenlandschaft über: Eben noch nahezu brettlflach, sind damit kurz vor Schluss der Tour auch einige Hügel im Spiel. Idyllisch darin eingebettet, liegt direkt am Waldrand der Egglburger See. Er entstand, so berichten klösterliche Aufzeichnungen, nachdem ein Abt im Jahr 1040 die Ebrach gleich an ihrer Quelle aufstauen ließ. Der See ist nur drei Meter tief und geht nach Süden in ein sumpfiges Verlandungsgebiet über, ein willkommener Brutplatz für Vögel. Da er Teil eines Naturschutzgebietes ist, darf man hier erst ab August baden. Sich einfach nur umzuschauen lohnt an einem Sommerabend aber auch. Besonders entspannt von einer Bank etwas oberhalb des Sees, während die Sonne den Himmel in warme Töne taucht.

An einem einzelnen Gehöft vorbei, 400 Meter auf dem Asphaltsträßchen bleiben, dann im spitzen Winkel links, bald wieder rechts und nach Ebersberg. Um in die Altstadt zu gelangen, geht's bergauf. Ein allerletztes Mal, versprochen.

Auf einem Hügel am Egglburger See steht das Kirchlein Sankt Michael.

KM 39 » ZIEL

Bahnhof Ebersberg

Ganz schön clever: Das Tagpfauenauge gaukelt Fressfeinden vor, in die Augen eines großen Tieres zu schauen.

Die Chancen, Waldtiere von der Wildbeobachtungskanzel zu sichten, sind in der Dämmerung am höchsten.

AUF EINEN BLICK

- **Start:** S-Bahnhof Erding
- **Ziel:** S-Bahnhof Ebersberg
- **Strecke/reine Radelzeit:** 39 km (Streckentour), 3 Std. 15
- **Höhenmeter:** ↗153 m, ↘54 m
- **Wegbeschaffenheit:** Überwiegend Asphalt, vor allem im Ebersberger Forst einige Kilometer (grober) Schotter. Zum Schluss heißt es ein paar mehr Höhenmeter sammeln, sogar auf einem kurzem Stück Wurzelweg – dort vielleicht schieben.
- **Beste Zeit:** Sommerhalbjahr, speziell Mai bis August, wenn alles grünt und blüht. Spätfrühling für Wildtierbeobachtung, besonders ergiebig in der Dämmerung.
- **Mitnehmen:** Ein Rad mit breiteren Reifen ist von Vorteil (aber kein Muss); kleines Fernglas, Pflanzenbestimmungsapp.

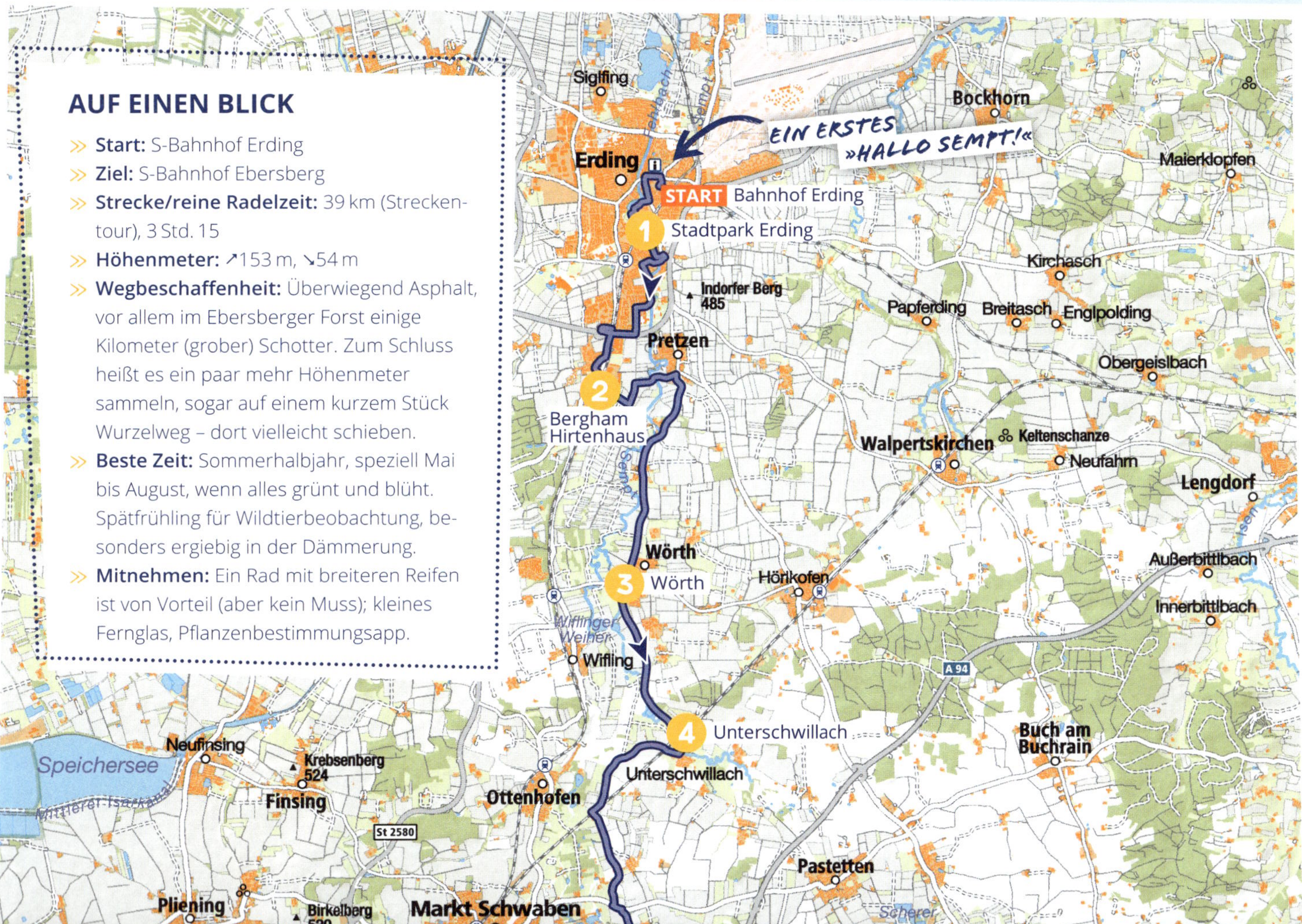

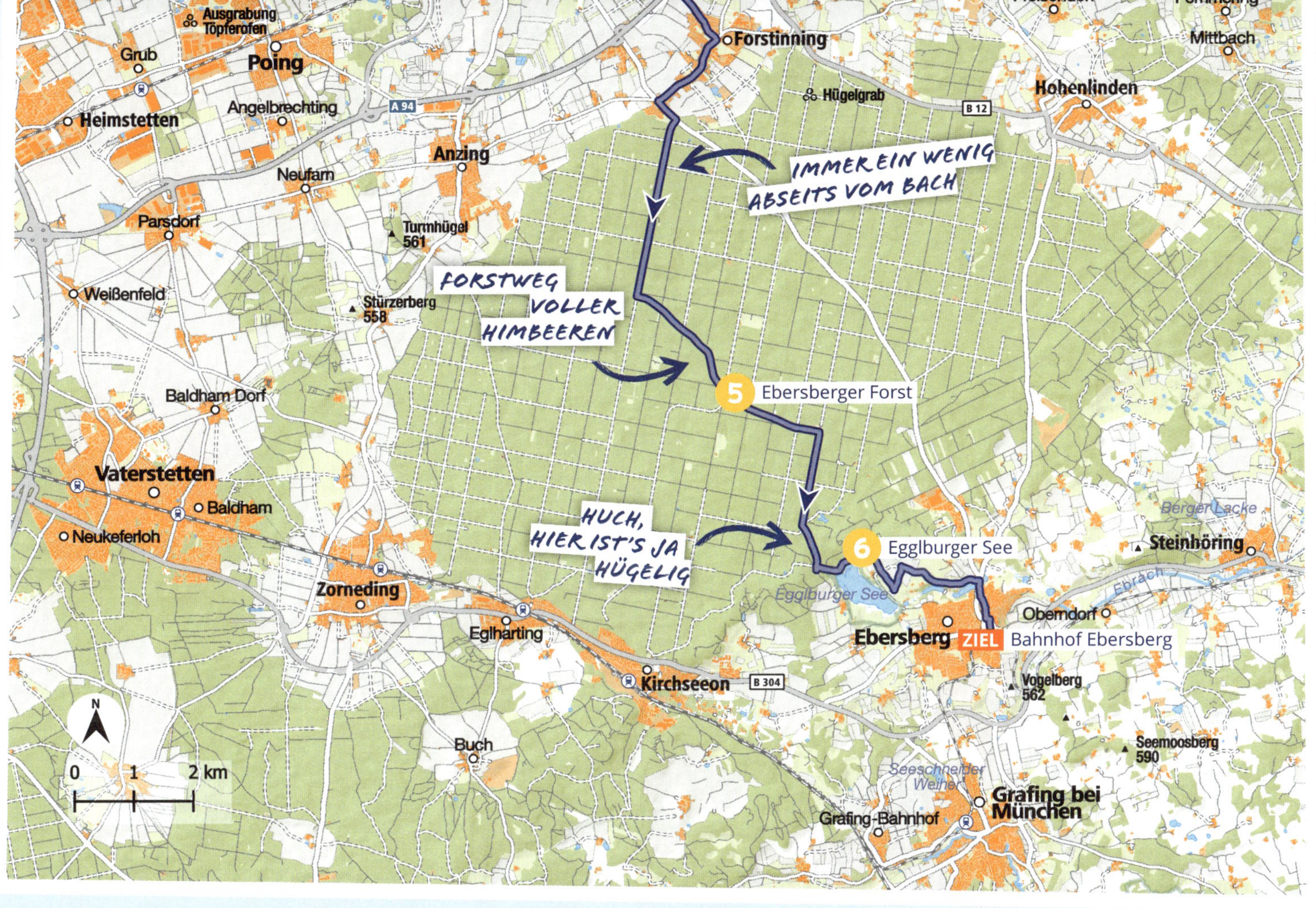
IMMER EIN WENIG ABSEITS VOM BACH
FORSTWEG VOLLER HIMBEEREN
HUCH, HIER IST'S JA HÜGELIG
5 Ebersberger Forst
6 Egglburger See
ZIEL Bahnhof Ebersberg
Forstinning
Hohenlinden
Mittbach
Hügelgrab
B 12
A 94
B 304
Ausgrabung Töpferofen
Grub
Poing
Heimstetten
Angelbrechting
Anzing
Neufarn
Parsdorf
Turmhügel 561
Weißenfeld
Stürzerberg 558
Baldham Dorf
Vaterstetten
Baldham
Neukeferloh
Zorneding
Eglharting
Kirchseeon
Buch
Egglburger See
Ebersberg
Oberndorf
Ebrach
Berger Lacke
Steinhöring
Vogelberg 562
Seemoosberg 590
Seeschneider Weiher
Grafing-Bahnhof
Grafing bei München
0
1
2 km
N

23
DIE RADELPAUSEN
>> START
S-Bahnhof Isartor
KM 0,5
1
Ludwigsbrücke
Isarflimmern
KM 2
2
Fräulein Grüneis
Genussvolles Tageserwachen
KM 10,5
3
Sorgen-weg-schreib-Häusl
Gedanken ordnen

9 RAUS AUS DER STADT

Über den Speichersee nach Markt Schwaben

Auf der Suche nach einem möglichst grünen Weg aus Münchens Zentrum fällt der Blick unweigerlich auf die Isar und den Englischen Garten. Etwas mehr abseits der Aufmerksamkeit ist da schon der Weiterweg bis an die Sempt.

KM 23,5
4 Speichersee
Outback trifft Nordsee

KM 31,5
5 Hofladen Zehmerhof
Der Duft der Kindheit

KM 38,5
6 Schwabener Moos
Von Gräben durchzogen

KM 40,5 » ZIEL
Bahnhof Markt Schwaben

ALLE ZEICHEN AUF GRÜN

Zentraler als an der **Ludwigsbrücke** lässt sich eine solche Tour im Grunde nicht beginnen. Wobei man an einem ziemlich historischen Ort steht, denn wo sich heute die Brücke über die Isar spannt, gab es früher eine Furt. Durch diese konnten Pferde und Maultiere Fuhrwerke ziehen und wohl auch Menschen schon immer zu Fuß den Fluss queren.

Hier nehmen gewissermaßen die Geschichte Münchens sowie die dieser Tour ihren Lauf. Dazu erst mal flugs in den Englischen Garten geradelt, wo das Gras – sicher auch wegen der Nähe zur Isar – immer etwas grüner als woanders scheint. Einzig der Giebel von **Fräulein Grüneis** ist in noch tieferes Grün getaucht.

PFLANZEN ERKENNEN: MITHILFE DER APP IM SMARTPHONE EINEN BAUM ODER EINE BLUME BESTIMMEN

Kühler als anderswo in der Stadt ist es ebenfalls im Englischen Garten, und so streicht selbst an einem Hochsommermorgen der Fahrtwind frisch über die bloßen Unterarme. Die schiere Länge des Parks abzulaufen käme schon einer Wanderung gleich – ein weiterer Grund, warum sich in den Nordteil seit jeher fast nur jene verirren, die in der Nähe wohnen, einen Hund haben oder eben mit dem Rad unterwegs sind. Und während der Park an manchen Stellen regelrecht wild wird und man sich treiben lassen und verlieren kann, ist's wichtig, den Hölzernen Steg zu erwischen. Der beugt sich über die Isar, als würde er jeden Augenblick auf seinen Einsatz in einem gefühlvollen Film warten. Am rechten Isarufer geht's weiter. Nahezu brettleben bis Unterföhring, wo sich im Gebüsch das **Sorgen-weg-schreib-Häusl** verbirgt.

Um zu schauen, wie's abseits des Flusses aussieht, heißt es abbiegen und zum **Speichersee** radeln, am Südufer samt Fischteichen entlang und nach wie vor mitten im Grünen. Am **Hofladen Zehmerhof** in Gelting vorbei führt der Weg durch viel offenes Ackerland hinüber nach Markt Schwaben. Dort gibt's als Tüpfelchen auf dem Ausflugs-i noch einen Blick ins **Markt Schwabener Moos**. «

St.-Emmerams-Brücke ist der eigentliche Name vom Hölzernen Steg über die Isar. Direkt daneben die Metallskulptur des Heiligen.

Pflanzenbestimmen einigermaßen leicht gemacht mit der passenden App.

Künstliche Sohlrampen unterstützen den Hochwasserschutz; gleichzeitig können Fische den Fluss hinaufwandern.

RADELN & GENIEßEN

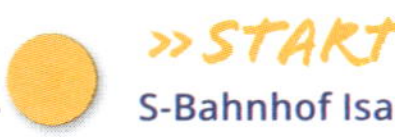

»START

S-Bahnhof Isartor

Auf der Zweibrückenstraße geht's ein paar Meter zur Isar/Ludwigsbrücke.

Superlativ an der Ludwigsbrücke: eines der größten Technikmuseen der Welt.

KM 0,5

1 Ludwigsbrücke

Isarflimmern

Auf die in der Morgensonne glitzernde Isar schauend, ist es spannend, kurz in die Geschichte einzutauchen. Die hätte nämlich ganz anders laufen können. Dass heute nicht vielleicht Freising oder Unterföhring, sondern München wirtschaftlicher Motor der Region ist, liegt auch daran, dass Heinrich der Löwe 1158 den Salzhandel an die Stelle der heutigen Ludwigsbrücke umleitete und so Geld in die lokalen Kassen spülte. Heute umspült das Isarwasser genau genommen zwei Brücken, welche die rechte mit der linken Isarseite verbinden und dabei über die Museumsinsel führen. Dort an einem anderen Tag das Deutsche Museum (www.deutsches-museum.de) oder auf der nördlich anschließenden Praterinsel das Alpine Museum (www.alpenverein.de/Kultur/Museum) zu besuchen darf ruhig auch als die spontane Schlechtwetter-Option gelten.

Links der Isar bis Prinzregentenstraße, dort links bis zum Englischen Garten.

In den Radeltag starten mit einem Draußen-Getränk beim Fräulein Grüneis.

Im Hochsommer versteckt sich das Sorgen-weg-schreib-Häusl im Blattgrün.

KM 2

2 Fräulein Grüneis
Genussvolles Tageserwachen

Gleich morgens, wenn die Stadt gerade einigermaßen erwacht und auch vor dem Fräulein Grüneis (fraeulein-grueneis.de) die Sitzkissen für den Tag zurechtdrapiert werden, ist ein besonders schöner Moment, um prompt im südöstlichsten Zipfel des Englischen Gartens anzuhalten. Hier verwandelte sich 2011 ein stillgelegtes Toilettenhäuschen in ein gemütliches Café. Bestellt wird drin, gesessen draußen. Croissants und Kuchen, Brotzeit und Suppen, Eis und Limo, Bier und Kaffee – unter dem grün gestrichenen Giebel bilden sich später oft lange Schlangen. Doch für einen Moment hat man den Kiosk, der einladend mit Blumen grüßt, ganz für sich allein.

Durch den Englischen Garten nach Norden. Immer Richtung Aumeister, im nördlichen Teil dann Richtung Unterföhring orientieren und über den Hölzernen Steg die Isarseite wechseln. Weiter nach Norden.

KM 10,5

3 Sorgen-weg-schreib-Häusl
Gedanken ordnen

Mitunter sehnt man sich nach einem stillen Ort, an dem sich die Gedanken sortieren und vielleicht auch aufschreiben lassen. Ein solcher findet sich mit dem Sorgen-weg-schreib-Häusl am Isarufer bei Unterföhring. Dabei muss man im Sommer schon genau hinsehen, um den bushaltestellengroßen Unterstand im dichten Grün nicht zu übersehen. Fotos an den Wänden erzählen von dem Häusl, das es hier seit den frühen 1960er-Jahren gibt und das als eine Ladestation für Körper, Geist und Seele gilt. Hinsetzen kann man sich natürlich genauso gut direkt am Isarufer. Wer weiß, vielleicht findet sich sogar ein Skizzenheft oder das Malzeug in der Tasche (Tour 13)?

An der Isar bis zum Abzweig Feringasee, den Wegweisern folgen. Vor der Autobahnunterführung rechts über die kleine Brücke, geradeaus unter der Autobahnunterführung entlang und Richtung Birkenhof. Dort durch einen Kreisverkehr über die B471, weiter bis Erlmühle.

KM 23,5

4 Speichersee

Outback trifft Nordsee

Der Speicherseedamm provoziert einen ganz sonderbaren Mix aus Outbackfeeling und Nordseeflash. Was einerseits an der schlaglochübersäten Schotterpiste liegt, die vom Süd- zum Nordufer reicht. Zum anderen an dem lauten, schmatzenden Gegen-die-Dammmauer-Platschen des Wassers, das hier seit knapp 100 Jahren aufgestaut ist. Das Speicherseegebiet ist für Brut, Mauser, Überwinterung oder während des Durchzugs verschiedener Vögel wichtig. Am südöstlichen Ende des Damms, an der kleinen Vogelinsel, stehen die Chancen auch ohne Fernglas recht gut, spontan einige Arten zu erkennen.

***Über den Damm zum nördlichen Ufer des Speichersees. Auf der Seestraße nach** Neufinsing, weiter nach Finsing und Gelting.*

Weiter Himmel über dem Speichersee.

Mit etwas Glück (oder Vorplanung): Kaffee- und Kuchenglück bei einer kleinen Pause im Hofladen Zehmerhof.

KM 31,5

5 Hofladen Zehmerhof

Der Duft der Kindheit

Tatsächlich lohnt es sich, diese Tour um die Öffnungszeiten des Hofladens (www.zehmerhof.de) herumzubauen. In einer holzvertäfelten Ecke des Ladens ist ein gemütliches Café eingerichtet; der hausgemachte Kuchen duftet ebenso wie das zu Ballen gepresste Stroh. Das alles lässt wahlweise an die eigene Oma, die berühmten guten alten Zeiten oder Urlaub auf dem Bauernhof denken. Weil es im Laden außerdem neben hofeigenen Eiern und Kartoffeln auch allerlei regional erzeugte Produkte anderer Höfe gibt, ist in der Tasche oder im Rucksack idealerweise eine klitzekleine Ecke frei. Kommt man im (Früh-) Sommer doch außerhalb der Öffnungszeiten vorbei, kann man's immer noch am Automaten probieren – mit etwas Glück strahlen einen köstlich-frische Erdbeeren an.

In der Kurve von der Hauptstraße abbiegen in den Weg Am Urtel. Der Radausschilderung über Unterspann nach Markt Schwaben (zum Bahnnof) folgen. Über Schweiger- und Widderweg zum Kirchweiher, von dort der Ausschilderung (ins Moos) nach.

KM 38,5

6 Schwabener Moos
Von Gräben durchzogen

Dass man, selbst mit Pausen, am Ende einer Radtour wieder Appetit verspürt, ist selbstverständlich nach ein paar Stunden an der frischen Luft. Das Schwabener Moos als pfannkuchenflach wahrzunehmen, liegt in diesem Moment trotzdem nicht nur am eigenen Magen, sondern an den schieren Fakten: Ein ganzes Netz aus Gräben und Wegen durchzieht am Ortsrand von Mark Schwaben die landwirtschaftlich genutzte Ebene. Im Frühling sind zum Schutz von Wiesenbrütern einige Wege tabu. So oder so gibt's aber genügend Varianten, wie sich das Moos erkunden lässt. Hier entspringt auch die Sempt (Tour 8).

Von der Grafen-von-Sempt-Straße über Ebersberger Straße sowie ***Färber- und Schulgasse möglichst etwas abseitig*** *des Durchgangsverkehrs zum Bahnhof.*

EXTRA INFOS:

Tafelspitzbrühe mit Pfannkuchenstreifen für den kleinen Appetit oder den Menü-Auftakt – im ● **Schweiger Brauhaus** (schweiger-brauhaus.de) in Markt Schwaben steht dieses Gericht natürlich auf der Speisekarte. Und weil die traditionell bayerischen oder auch die wechselnden vegetarischen Gerichte schmecken, das Ambiente einladend und die Liste selbstgebrauter Biere lang ist, darf das Gasthaus als eigentlicher Endpunkt der Radeltour gelten.

Bahnhof Markt Schwaben

Kleines Refugium für Wiesenbrüter: das Schwabener Moos.

AUF EINEN BLICK

- **Start:** S-Bahnhof Isartor
- **Ziel:** Bahnhof Markt Schwaben
- **Strecke/reine Radelzeit:** 40,5 km (Streckentour), 3 Std. 15
- **Höhenmeter:** ↗32 m, ↘57 m
- **Wegbeschaffenheit:** Asphalt immer wieder wechselnd mit Schotter- und Kieswegen.
- **Beste Zeit:** Gut und (mit Start im Münchner Stadtzentrum) spontan auch schon früh oder spät im Jahr machbar.
- **Mitnehmen:** Trinkflasche und Notfallsnack

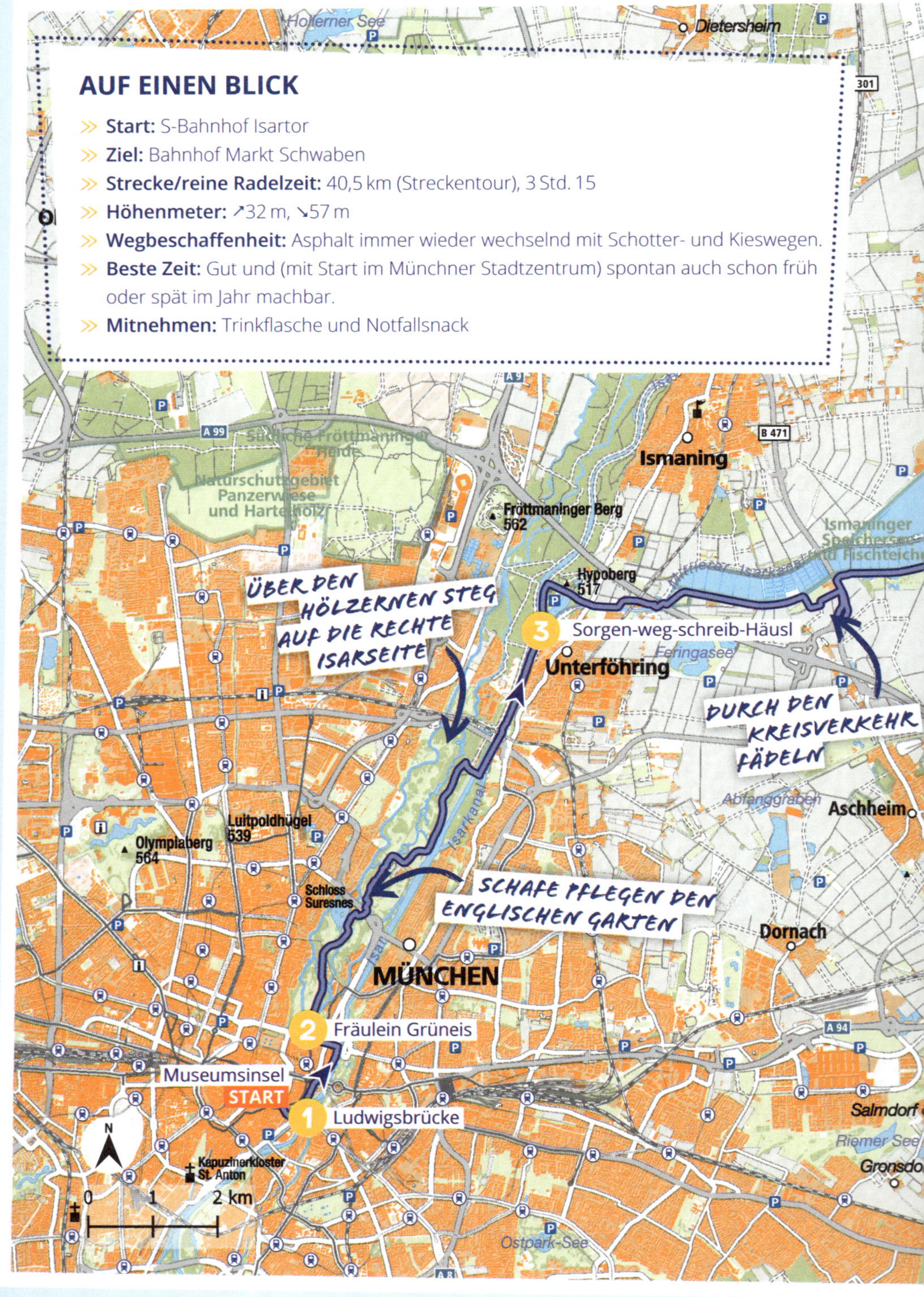

Laut tönt es von der Autoteststrecke
4 Speichersee
5 Zehmerhof
6 Schwabener Moos
ZIEL Bahnhof Markt Schwaben
Schweiger Brauhaus
Eichenried
Moosinning
Moosinninger Fischweiher
Pretzen
Neuching
Kreuzberg 522
Hofsingelding
Wörth
Wifling
Wiflinger Weiher
Unterschwillach
Ottenhofen
Finsinger Weiher
Neufinsing
Krebsenberg 524
Finsing
Burg Gelting
Birkelberg 529
Markt Schwaben
Landsham Moos
Pliening
Landsham
Ausgrabung Töpferofen
Poing
Kirchheim bei München
Grub
Heimstetten
Angelbrechting
Forstinning
Anzing
Neufarn
Parsdorf
Turmhügel 561
Weißenfeld
Stürzerberg 558
Ottendichl
Baldham Dorf
Vaterstetten
B 388
B 12
St 2580
A 94
A 99

DIE RADELPAUSEN

»START
Grafing (Bahnhof)

KM 1
1 Taglachinger Tal
Bilderbuchidylle

KM 7,5
2 Wildenholzen
Alte Bauernhäuser bewundern

KM 10,5
3 Herrmannsdorf
Über den Hof schlendern

10 LANDPARTIE

Von Grafing nach Aying

Die Landpartie ist gewissermaßen die kleine Schwester der Sommerfrische. Mit einem entscheidenden Vorzug: Sie lässt sich mit geringem Aufwand und ganz spontan auch auf einen x-beliebigen Tag im Frühling oder Herbst legen.

DAS RAD GESCHNAPPT UND LOS ...

Der andere Vorteil der Landpartie: Die kleine Flucht dorthin, wo Ruhe, angenehme Temperaturen und ganz allgemein ein Tapetenwechsel locken, ist ganz unkompliziert zu handhaben. Einfach eine Flasche Wasser und einen Snack in eine Fahrradtasche, einen kleinen Rucksack oder in einen Lenkerkorb gepackt. Dazu sicherheitshalber eine Windjacke oder etwas Sonnencreme. Die Tour selbst: kurz genug, sich nicht über Gebühr anstrengen zu müssen. Aber lang genug, um am Ende der Meinung zu sein, doch ein bisschen was getan zu haben. Garniert mit einer Vielzahl von Eindrücken, die am Abend den Wunsch entstehen lassen, solch eine Landpartie nun öfter zu machen, vielleicht beim nächsten Mal einfach etwas länger.

FILMREIF: EINEN ROTMILAN ELEGANT DURCH DIE BAUMWIPFEL DES KLEINEN WÄLDCHENS GLEITEN SEHEN

Zwischen den diversen Bahnstreckenarmen aus München weg bieten sich schließlich unzählige Radelmöglichkeiten an. Diese hier ab Haltestelle Grafing Bahnhof ist gerade mal 25 Kilometer lang und doch lässt sich ohne Weiteres ein ganzer Tag auf der Route verbringen.

In das hiesige Bilderbuchidyll einzutauchen geht ruckzuck: Da sind die blühenden, hochstehenden Wiesen vom **Taglachinger Tal** mit summenden Bienen und brummenden Hummeln. Versteckt zwischen Hügeln behutsam erneuerte Dörfer. Und Weiler wie **Wildenholzen**, wo alte Bauernhäuser voller Selbstvertrauen ihre mächtigen Dachfirste gen Himmel recken. In **Herrmannsdorf** lässt sich überschaubare Landwirtschaft erleben, in Glonn kann man im **Naturbad Wiesmühle** abtauchen. Das sind wohl diese kleinen Momente, aus denen – mit Bedacht aneinandergekettelt – einer dieser ganz besonders guten Tage entsteht.

War an einem heißen Tag der Sprung ins kühlende Naturbadnass angesagt, so können die Haare trocknen, während das Rad leise über den sich durch das **Kupferbachtal** schlängelnden Weg surrt. Die Sonne scheint ins Gesicht, man ist gen Süden unterwegs und bald in **Aying**, wo die Landpartie vielleicht ja bei einem gemütlichen Plausch im Schatten der Biergartenkastanien ausklingt. «

Grundversorgung: Hummeln, Bienen und andere Insekten laben sich an allerlei Blüten.

» START

Grafing Bahnhof

Den Bahnhof nach Süden verlassen, ein paar Meter zur Hauptstraße, dort nach rechts Richtung Taglaching.

KM 1

Taglachinger Tal
Bilderbuchidylle

Durch Wiesen schlängelt sich eine kleine Straße über Taglaching nach Moosach, hin und wieder düst ein Auto um die Kurve, aber insgesamt geht's beschaulich zu. Vor gar nicht allzu langer Zeit war das Taglachinger Tal allerdings noch etliche naturbelassene Quadratmeter größer. Seit die bayerische Staatsregierung ihre Zustimmung gab, Gewerbegebiete auch auf die sprichwörtliche grüne Wiese zu bauen, nagt der Flächenfraß unermüdlicher denn je an der bayerischen Landschaft. So war auch das Taglachinger Tal über Jahre ein Zankapfel, bis letztlich Gebäude und ein kleines Stück Radweg hineingesetzt wurden.

Ein paar Meter weiter kann man jedoch noch in die beschauliche Hügellandschaft eintauchen, auf deren Wiesen sich Glockenblumen, Kathäusernelken, Wiesen-Witwenblumen und viele andere Arten ausmachen lassen.

Der Straße folgen und bergab nach Gutterstätt fahren. Dort auf den Abzweig links über die Moosach nach Bruck achten.

Roter Mohntupfer auf grüner Wiese im Taglachinger Tal.

KM 7,5

2 Wildenholzen

Alte Bauernhäuser bewundern

An einer kleinen Weggabelung mit einer alten Bildsäule ist die Erleichterung groß, dass es nicht links den Berg hinauf-, sondern rechts mit vergleichsweise geringem Anstieg weitergeht. Zu früh gefreut, wie hinter der nächsten Kurve klar wird. Aber weil die alten Bauernhäuser, die dort stehen, nun selbstverständlich und unbedingt fotografiert werden wollen, fiele es gar nicht allzu sehr auf, nach dem Fotostopp nicht aufs Rad zu steigen, sondern kurzerhand zu schieben. Schließlich könnte durchaus noch mehr Fotografierwürdiges kommen ...

Am ersten Gebäude, ein altes Handwerkerhaus samt Schmiede, prangt ein verwitterter Wegweiser. Daneben ein ehemaliger Bauernhof – das Wohnhaus mit umlaufender Laube und wettergegerbtem Holzgiebel zieht die Blicke auf sich.

Kurz bergauf, später flacher. Am Ende des Sträßchens touchiert man fast die Hauptstraße, biegt aber vorher nach links ab.

Herrmannsdorfer Landwerkstätten: Kleiner Imbiss am Hofladen. Soll die Pause ausgiebiger ausfallen, locken Wirtshaus & Biergarten.

KM 10,5

3 Herrmannsdorf

Über den Hof schlendern

Mit etwas Planung ließe sich an dieser Stelle auch Sauerteig backen oder Weißwurst und Brezn drehen. Oder einen Wildkräuterkochkurs besuchen. Man kann aber auch einfach nur über den ehemaligen Gutshof schlendern, der heute Domizil der Herrmannsdorfer Landwerkstätten (www.herrmannsdorfer.de) ist, an den Schweineställen vorbei oder durch die Gärten, wo in überschaubarem Maß Lebensmittel erzeugt werden. Wenn der Appetit kommt, geht's zur Kaffeerösterei, in den Hofladen, ins Wirtshaus oder in den Biergarten – je nach Wochentag und Wetter. Alles ist bio und zukunftsgerecht, so wie es der Landwerkstätten-Gründer Karl Ludwig Schweisfurth nach seiner Abkehr von Jahrzehnten in der industriellen Lebensmittelindustrie nunmehr als ethisch richtig erachtet hat.

Wenige Meter die Straße runter, dann rechts in den Feldweg, der bald wieder auf die Hauptstraße führt. Auf dem kleinen ausgetretnen Pfad neben der Straße bleiben, bis der Fußweg einsetzt und radelnd genutzt werden darf.

Wettergegerbt: Bauernhäuser in Wildenhofen.

IN WÜRDE GEALTERT

KM 14,5

4 Naturbad Wiesmühle

Abtauchen

Ein weiterer ganz besonderer Ort versteckt sich am südlichen Ortsrand von Glonn: das Wirtshaus an der Wiesmühle (www.wadw.de). Allein schon wegen des dazugehörigen Naturschwimmbads lohnt es, diese Radelrunde zwischen Donnerstag und Sonntag anzugehen. Dann nämlich ist das Bad bei schönem Wetter ab elf Uhr geöffnet. Als Eintritt spendet man einen Obolus am Eingang. Bei den Einheimischen steht das Naturbad in hoher Gunst, dabei ist es fernab davon, überlaufen zu sein. Auf der großen Liegewiese kann man sich ein schönes Plätzchen suchen, teilweise auch im Schatten, und im Kiosk oder Restaurant den Appetit stillen. Schließlich macht Schwimmen hungrig.

Hinein ins Kupferbachtal und einfach dem asphaltierten Weg bis zum stattlichen Reisenthaler Hof folgen.

Willkommener Pausenpunkt am Eingang vom Taglachinger Tal: das kleine Naturbad Wiesmühle.

Das Kupferbachtal mit dem Tandem erkunden: Familie Rojas aus Chile macht's vor.

KM 17

5 Kupferbachtal

Sonne im Gesicht

Ein paar Stunden am Kupferbach – auch zu Fuß und rund ums Jahr eine beschauliche Ausflugsidee

Während das Rad auf der sonnenverwöhnten Strecke durch das Kupferbachtal bis zum Einödhof Reisenthal (www.reisenthaler-hof.de) fast von allein rollt, schimmert der Kupferbach neben dem Sträßlein immer wieder durch die Büsche. Alle Augen also auf die Natur: Das Tal ist ein beliebtes Wander- und Naherholungsgebiet und eine geschützte Landschaft mit Hangquellen und Streuwiesenreste. Integraler Bestandteil ist das Naturschutzgebiet Kupferbachtal bei Unterlaus im südlichen Zipfel des Tals (und auf dieser Runde ein kleiner Abstecher), ein fast unbeeinträchtigtes Kalkflachmoorgebiet mit einigen Quellen. Am dortigen Ufer des Kupferbachs lässt sich mit etwas Glück das nur im südlichen Bayern vorkommende weiß blühende und stark gefährdete Bayerische Löffelkraut entdecken.

Am Reisenthaler Hof geht's rechts über Münster und später Heimatshofen bis nach Aying.

Tradition trifft Moderne im Brauereigasthof.

KM 24,5

6 Aying

Eine Dorfrunde drehen

»Malz und Hopfen geben guten Tropfen.« Wäre der Bahnhof Aying nicht das Ziel, sondern der Anfang dieser Radtour, dann würden die Straßenschilder auf den ersten Metern schon zeigen, worum sich in diesem Ort einiges dreht: Auf den Bräuland- folgt der Hopfenweg, und auch Malz und Gerste sind in Straßennamen verewigt. Ganz gleich, aus welcher Richtung man kommt – als Orientierungspunkt, um zur Dorfmitte zu gelangen, dient die Kirche St. Andreas. Gleich nebenan finden sich die Brauerei, die den Ortsnamen auf ihren Etiketten in die große weite Welt trägt, der Brauereigasthof und der kastanienbestandene Biergarten (www.ayinger.de). »Musikantenfreundliches Wirtshaus«, steht neben der Bräustüberl-Tür und verspricht einiges an Geselligkeit.

Zum Abschluss der Dorfrunde in die Bahnhofstraße und bis zum Bahnhof.

KM 25,5 » ZIEL

S-Bahnhof Aying

Das Auge isst mit.

AUF EINEN BLICK

- **Start:** Grafing Bahnhof
- **Ziel:** S-Bahnhof Aying
- **Strecke/reine Radelzeit:** 25,5 km (Streckentour), 2 Std. 30
- **Höhenmeter:** ↗216 m, ↘157 m
- **Wegbeschaffenheit:** Überwiegend Asphalt. Zwischen Gutterstätt und Bruck ein Stück knirschender Kies, der sich abwechselt mit zerfahrener und sich längst in seine Bestandteile auflösender Bitumendecke.
- **Beste Zeit:** Wann immer die Temperaturen passen von April bis Oktober.
- **Mitnehmen:** Etwas Platz in der Tasche/im Rucksack, falls ein Hofeinkauf beispielsweise bei den Hermannsdorfer Landwerkstätten ansteht.

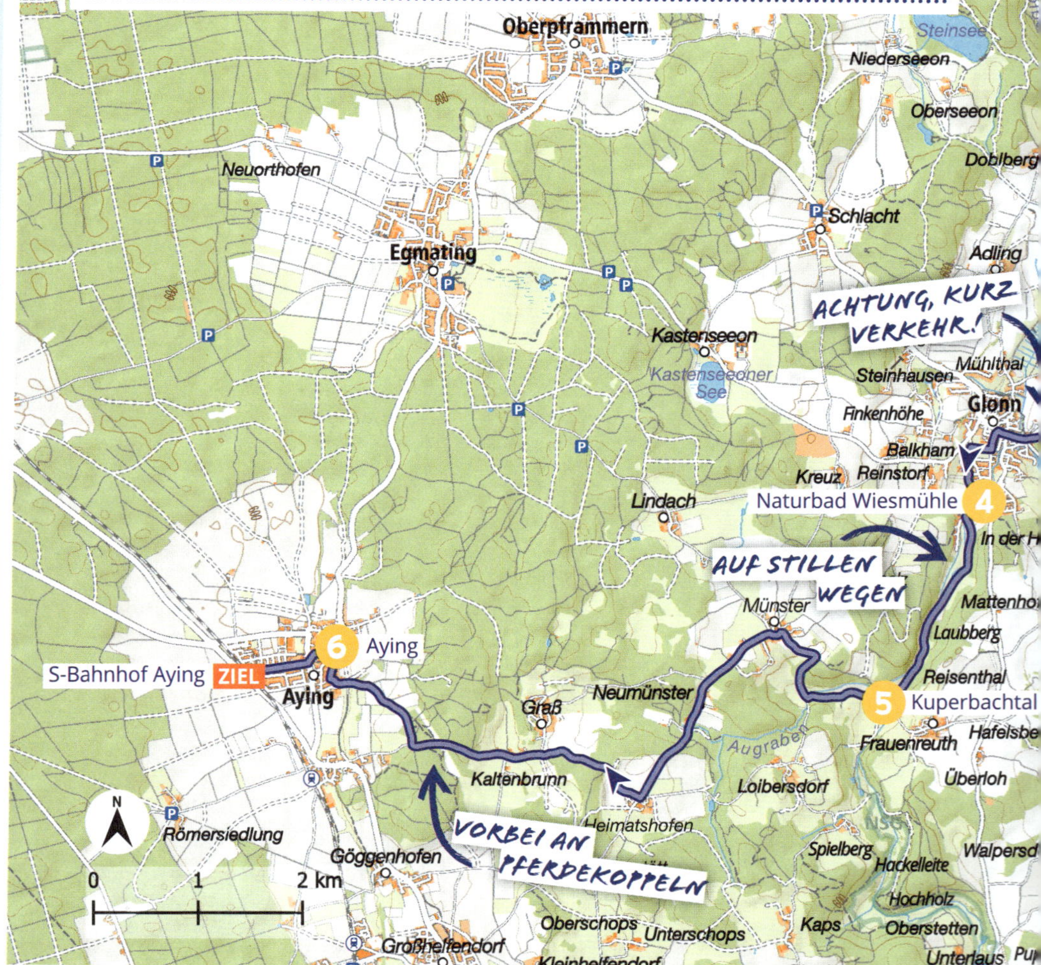

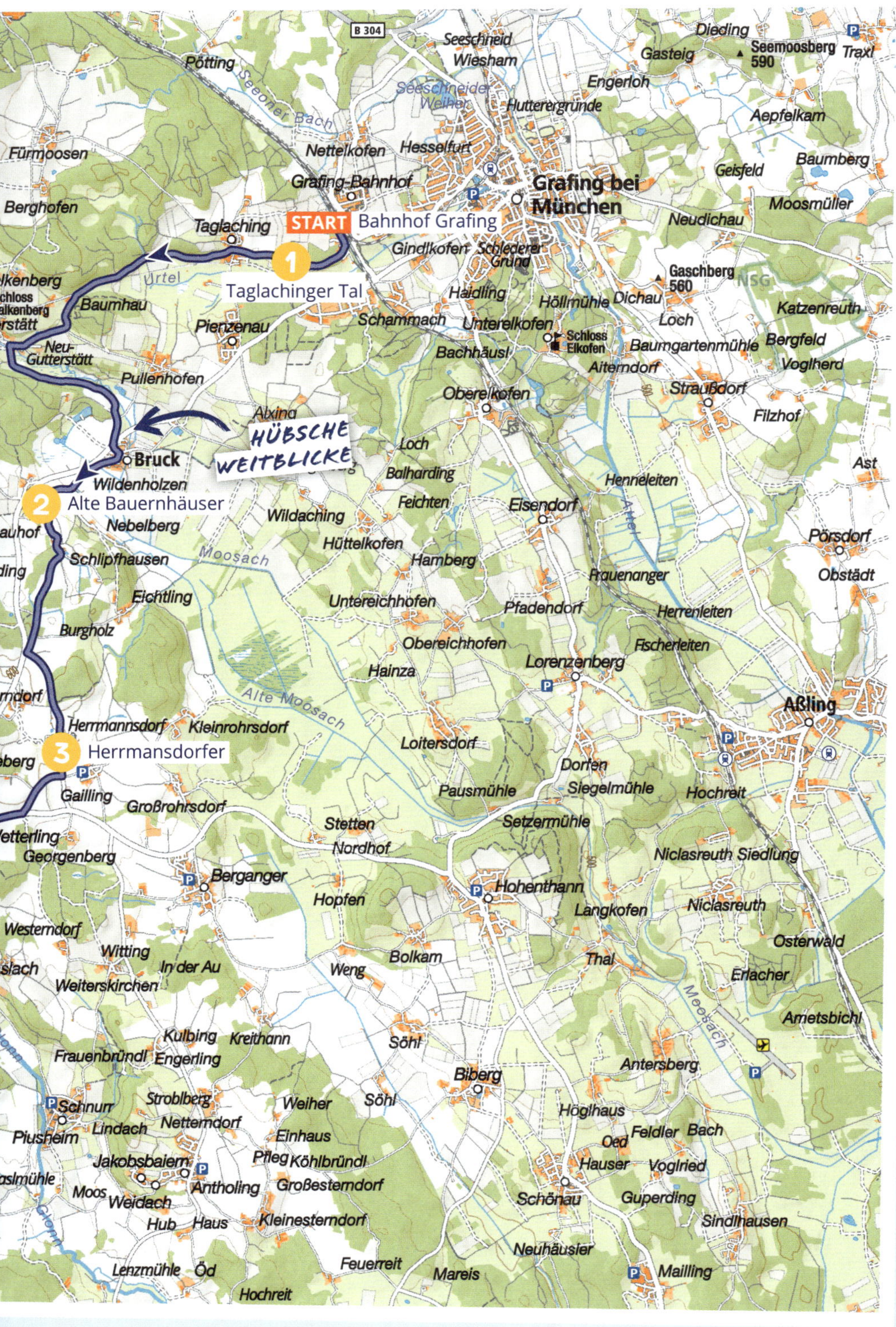

START
Bahnhof Grafing
1
Taglachinger Tal
HÜBSCHE WEITBLICKE
2
Alte Bauernhäuser
3
Herrmansdorfer
B 304
Seeschneid
Wiesham
Seeschneider Weiher
Pötting
Seeoner Bach
Nettelkofen
Hesselfurt
Grafing-Bahnhof
Grafing bei München
Hutterergründe
Engerloh
Dieding
Gasteig
Seemoosberg 590
Traxl
Aepfelkam
Geisfeld
Baumberg
Moosmüller
Neudichau
Fürmoosen
Berghofen
Taglaching
Gindlkofen
Schlederer Grund
Urtel
Haidling
Höllmühle
Dichau
Gaschberg 560
NSG
Katzenreuth
Baumhau
Pienzenau
Schammach
Unterelkofen
Schloss Elkofen
Loch
Bergfeld
Baumgartenmühle
Voglherd
Neu-Gutterstätt
Bachhäusl
Alterndorf
Straußdorf
Pullenhofen
Oberelkofen
Filzhof
Alxing
Loch
Bruck
Balharding
Ast
Wildenholzen
Henneleiten
Feichten
Eisendorf
Nebelberg
Wildaching
Attel
Hüttelkofen
Pörsdorf
Schlipfhausen
Moosach
Hamberg
Obstädt
Frauenanger
Eichtling
Untereichhofen
Pfadendorf
Herrenleiten
Burgholz
Obereichhofen
Fischerleiten
Hainza
Lorenzenberg
Alte Moosach
Aßling
Herrmannsdorf
Kleinrohrsdorf
Loitersdorf
Dorfen
Siegelmühle
Pausmühle
Hochreit
Gailling
Großrohrsdorf
Stetten
Setzermühle
Nordhof
Georgenberg
Niclasreuth Siedlung
Berganger
Hohenthann
Hopfen
Langkofen
Niclasreuth
Westerndorf
Osterwald
Witting
Bolkam
Thal
In der Au
Weng
Erlacher
Weiterskirchen
Ametsbichl
Kulbing
Kreithann
Söhl
Frauenbründl
Engerling
Antersberg
Biberg
Schnurr
Stroblberg
Weiher
Söhl
Höglhaus
Lindach
Netterndorf
Piusheim
Einhaus
Oed
Feldler
Bach
Pfleg
Köhlbründl
Hauser
Voglried
Jakobsbaiern
Antholing
Großesterndorf
Moos
Weidach
Schönau
Guperding
Hub
Haus
Kleinesterndorf
Sindlhausen
Neuhäusler
Lenzmühle
Öd
Feuerreit
Mareis
Mailling
Hochreit
Glonn

DIE RADELPAUSEN

» START
Bahnhof Weilheim

KM 0,5
1 Altstadt Weilheim
Im Farbrausch

KM 2
2 Ammer
Dem Fluss Geschichten entlocken

KM 5
3 Oderding
Tauschgeschäfte am Straßenrand

Zwischen Weilheim und Raisting

Kann es auf einer Radelrunde, die an derart grundverschiedenen Wegpunkten wie einem alten Eibenwald und einer hochtechnischen Erdfunkstelle vorbeiführen, so etwas wie einen kleinsten gemeinsamen Nenner geben?

AB IN DIE (RAISTINGER) WANNE

Mit höchst verschiedenen Finessen des Kommunizierens wartet eine gar nicht allzu lange Tour auf, die durch den Pfaffenwinkel führt. Der heißt so, weil in dieser Ecke des Landes besonders viele Klöster und Kirchen stehen. Mittendrin **Weilheim**, Ausgangs- und Zielpunkt und Garant für einen schnellen Espresso oder entspannten Cappuccino. Davor oder danach.

Vorbei an Weilheim schlängelt sich sanft die **Ammer**, und gemeinsam mit ihr schlängelt sich auch der Weg nach **Oderding**. Die ersten Kilometer bis hierher waren flach. Doch hinter dem Dorf heißt es kurz, ein wenig fester in die Pedale zu treten, denn das Sträßlein zieht sich einen kleinen Moränenwall hinauf. Weißbraun gescheckte Rinder schauen dieser Beinarbeit zu. Nach dem stillen Surren durch den Wald folgen Wiesen, die immer wieder zum Anhalten verleiten. Dann, bei Paterzell, rückt zunächst ein helles Birkenwäldchen, dann ein dunkler **Eibenwald** in den Blick.

AM AMPERUFER EINEM FLIEGENFISCHER BEIM ELEGANTEN AUSWERFEN DER ANGEL ZUSCHAUEN

Erst seit Ende der 1990er-Jahre wissen wir um eine bemerkenswerte Fähigkeit von Bäumen. Sie kommunizieren durch ein riesiges Pilzgeflecht, das ihre Wurzeln verbindet. Abertausende Kilometer von Pilzfäden verlaufen unterirdisch – die Basis des Wood Wide Web, über das sich die Bäume austauschen können zu Wasser, Nährstoffen und allem, was für die Baumgemeinschaft wichtig ist.

Ein paar Kilometer weiter dreht sich alles um Kommunikation ganz anderer Art. Die Raistinger Wanne, ein weites Tal, das im Osten und Westen von Hügeln abgeschirmt ist, hat sich in den 1960ern als perfekt geeignet gezeigt, um eine Erdfunkstelle einzurichten und damit Livesignale über Kontinente hinweg zu senden. Riesige Parabolantennen sind seither weithin sichtbar. Maßstäbe verschieben sich in dieser Landschaft, auch von der **Bank am Kircherl** direkt südlich des Antennenackers.

Auf recht direktem Weg ließe es sich zurück zum Ausgangspunkt radeln. Ein eingebauter Schlenker durchs Weilheimer Moos hingegen schenkt derweil noch ein paar Extrakilometer. Ob auch Moore (Tour 13) noch ähnlich spektakuläre Geheimnisse des Sich-Verständigens und Kommunizierens bergen?

Farbenfroher (aber giftiger) Herbstbegleiter: das Pfaffenhütchen.

Die Kirche in Raisting. Im 18. Jahrhundert brachte der hiesige Dorfpfarrer den für die Region gebräuchlichen Namen Pfaffenwinkel auf den Weg. – Denn: wo besonders viele Kirchen, da auch sehr viele Pfaffen.

Enlang an Weiden und durch Wälder hindurch geht es nach Paterzell.

RADELN & GENIEßEN

Bahnhof Weilheim

Am Bahnhofsvorplatz nach rechts und der Radel-Ausschilderung zur Altstadt folgen.

Ein Stück der Amper folgen, heißt es zum Beginn und Ende dieser Radtour.

Weilheim: Vielleicht schon beim Start Ideen für den Einkehrschwung sammeln.

KM 0,5

1 Altstadt Weilheim

Im Farbrausch

Es sind nur ein paar Hundert Meter vom Weilheimer Bahnhof zur Altstadt. Dort heißt es Absteigen. Fußgängerzone. Das passt ganz gut, denn so ist mehr Zeit, um die Häuserzeilen zu betrachten. Ein wenig erinnern sie an Puppenstübchen oder eine mit Zuckerzeug gefüllte Bonbonniere. Farbenfroh in Lindgrün und Pfirsichtönen, Gelb und Hellblau stehen die Bauten eng an eng in den Straßen rund um den Marienplatz. Gleichzeitig wirken viele der aus dem 19. Jahrhundert stammenden, drei- und viergeschossigen bürgerlichen Wohnhäuser schlicht und geradlinig. Vor dieser Kulisse kurz einen Espresso. Oder später, nach der Runde, einen Cappuccino.

Zur Pöllnerstraße und nach rechts in die Theatergasse. Alsbald der Ammer-Amper-Radweg-Ausschilderung (AAA) zur Ammer folgen.

KM 2

Ammer

2 Dem Fluss Geschichten entlocken

Um die 60 abwechslungsreiche Kilometer hat die Ammer auf ihrem Weg schon zurückgelegt, wenn sie an Weilheim vorbeifließt. In den moorigen Wiesen bei Oberammergau blubbert sie aus mehreren Quelltöpfen und bahnt sich ihren Weg durch die Voralpen. Dabei hat sie im Laufe der Jahrtausende auch manche Felsen zerschnitten, Schluchten geformt und südlich von Weilheim eine letzte große Kurve geschrieben. Nun schlängelt sie sich durchs flache Land bis zum Ammersee. Dort legt sie ihren Namen ab und fließt als Amper weiter (Tour 17). Welche Geschichten bringt der Fluss heute mit? Lassen sie sich ihm entlocken, vielleicht anhand seiner Farbe oder des Wasserstandes?

Über die Ammerbrücke und links. Am Fluss bleiben bis Oderding.

KM 5

Oderding

3 Tauschgeschäfte am Straßenrand

Nah, aber nicht zu nah: In respektvollem Abstand zum Fluss liegt Oderding. Auffällig hier sind einige einfache und dennoch markante Häuser aus rauem, regionaltypischen Tuffstein. Den Charakter des Dorfes prägt die Landwirtschaft, wenngleich auch vor Ort nur noch wenige ausschließlich von ihr leben. Kleine Tauschgeschäfte am Straßenrand oder an einer Gartenpforte gefällig? Mitunter sind dort Tischchen aufgebaut, auf denen es Zierkürbisse oder Obst zu kaufen gibt. Das Geld dafür wird in die Kasse des Vertrauens gelegt.

Der (Unterdorf-)Straße aus dem Ort nach Westen folgen. An der T-Kreuzung rechts, etwa bei Kilometer elf links und am Zellsee vorbei nach Paterzell und zum Eibenwald (ausgeschildert).

Alle Zeichen auf Herbst.

Noch ein paar wenige Radumdrehungen bis zum Eibenwald.

KM 21

4 Paterzeller Eibenwald

Kühler Empfang

Selbst an heißen Sommertagen empfängt der Wald bei Paterzell mit einer dunklen, feuchten Kühle. Rot leuchten vereinzelte Samenbecher vor den wie gewachst glänzenden dunkelgrünen Eibennadeln. Während auf der rötlichen Rinde eines jungen Baumes schmale Sonnenstrahlen spielen, zeigt sich der Stamm einer besonders alten Eibe behutsam gewunden.

Bei allen Reizen: Die Eibe hat ein echtes Imageproblem, was sicher damit zusammenhängt, dass fast alles an ihr giftig ist. Schon in der Antike galt sie als Baum des Todes und der Unterwelt. Der Paterzeller Eibenwald gehört zu den letzten – und bedeutendsten – Eibenwäldern in Europa und steht unter Naturschutz. Am besten das Rad abstellen und dem Eibensymbol auf dem kurzen Rundweg durch diesen besonderen Wald folgen.

Auf der Straße nach Zellsee, dort einfädeln in die (für Räder kostenlose) Mautstraße entlang ***Mühlbach und Rott nach*** *Raisting. In Raisting auf dem Mitterweg nach Süden.*

KM 23

5 Erdfunkstelle Raisting

Live dabei

Als 1965 die Erdfunkstelle in der Raistinger Wanne in Betrieb ging, war sie eine der ersten ihrer Art. Dank ihr war die Live-Übertragung über Kontinente hinweg möglich geworden. So konnten auch Ereignisse wie die Mondlandung 1969 oder die Olympischen Sommerspiele in München 1972 erst mithilfe der Raistinger Erdfunkstelle und per Satellit überhaupt weltweit übertragen werden.

Um die Aufmerksamkeit buhlen in Raisting zum einen eine Reihe von freistehenden Parabolantennen und direkt nebenan das Radom mit knapp 50 Metern Durchmesser – eine kugelförmige Traglufthalle, die eine große Parabolantenne vor der Witterung schützt.

Linker Hand ist die kleine Kirche St. Johannes der Täufer zu sehen – der asphaltierten Straße dorthin folgen.

Die Erdfunkstelle Raisting beeindruckt aus der Ferne, von näher und von ganz nah.

KM 24

6 Bank am Kircherl

Das Gefühl mitnehmen

Was für ein Kontrast: gerade noch riesige Hightechschüsseln, nun das Kirchlein St. Johannes der Täufer mit seinem kleinen, zwiebelbehaupteten Turm. Direkt daneben steht unter dem Ahorn eine Holzbank. Auf dem Weg zu ihr rascheln im Herbst die schon zu Boden gefallenen gelbbunten Blätter bei jedem der paar Schritte. Ein wunderbar stiller Platz, auch für eine mitgebrachte Brotzeit. Bleibt man etwas sitzen, lassen sich die fantastische Aussicht und das friedvolle Gefühl aufsaugen und mit nach Hause nehmen.

Hinter der Kirche erst zum Radom, dann neben den Bahnschienen dem Radel-Wegweiser nach. An der T-Kreuzung vor der Amperbrücke rechts und noch eine Runde durchs Moos, später über den Fluss und rechtsseitig (zum Bahnhof) nach Weilheim radeln.

EXTRA INFOS:

Seit 1999 steht das ● **Raistinger Radom** unter Denkmalschutz. Heute ist hier ein Museum, auch Führungen sind möglich (www.radomraisting.de).

KM 36,5 » ZIEL

Bahnhof Weilheim

MOMENTE SAMMELN

Am Kirchlein St. Johannes, südlich der Erdfunkstelle, sitzt es sich ganz besonders gut in der Sonne.

AUF EINEN BLICK

- **Start/Ziel:** Bahnhof Weilheim (Oberbayern)
- **Strecke/reine Radelzeit:** 36,5 km (Rundtour), 2 Std. 45
- **Höhenmeter:** ↗96 m, ↘96 m
- **Wegbeschaffenheit:** Teils Asphalt, teils Schotter.
- **Beste Zeit:** Sehr zu empfehlen auch an Herbsttagen bei föhniger Wetterlage.
- **Mitnehmen:** Etwas Proviant für den Fall, dass unterwegs die wenigen Einkehrmöglichkeiten geschlossen sind. Fahrradschloss.

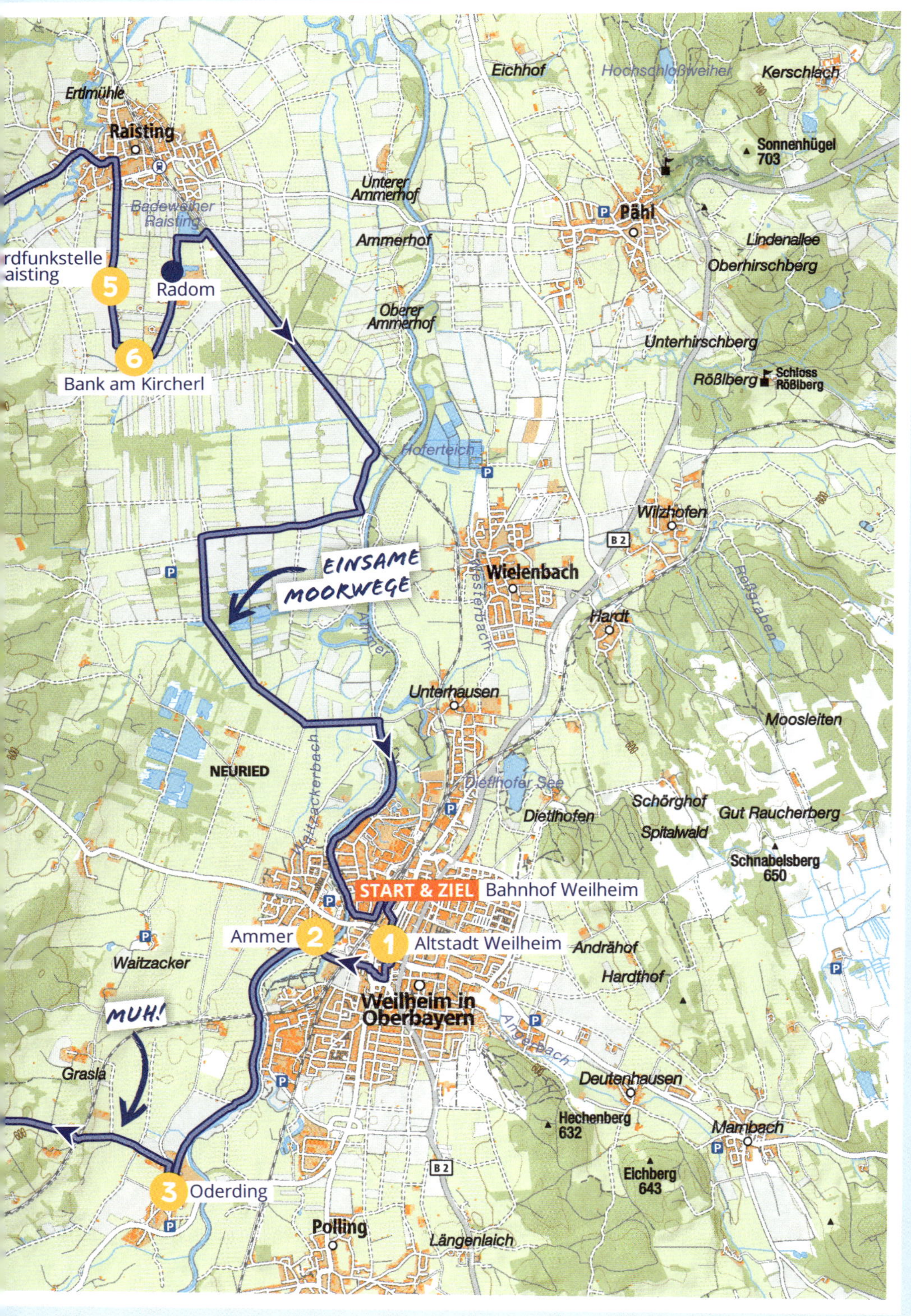
Ertlmühle
Raisting
Badeweiher Raisting
rdfunkstelle
aisting
5
Radom
6
Bank am Kircherl
Eichhof
Hochschloßweiher
Kerschlach
Sonnenhügel
703
Unterer Ammerhof
Ammerhof
Pähl
Lindenallee
Oberhirschberg
Oberer Ammerhof
Unterhirschberg
Rößlberg
Schloss Rößlberg
Hoferteich
Wilzhofen
B 2
EINSAME MOORWEGE
Wielenbach
Hardt
Unterhausen
Moosleiten
NEURIED
Waitzackerbach
Dietlhofer See
Dietlhofen
Schörghof
Gut Raucherberg
Spitalwald
Schnabelsberg
650
START & ZIEL
Bahnhof Weilheim
Ammer
2
1
Altstadt Weilheim
Andrähof
Waitzacker
Hardthof
MUH!
Weilheim in Oberbayern
Angerbach
Grasla
Deutenhausen
Hechenberg
632
Marnbach
3
Oderding
Eichberg
643
Polling
Längenlaich

DIE RADELPAUSEN

» START
Bahnhof Starnberg

KM 0
1 Promenade Starnberg
Bunte Bootshäuser bewundern

KM 2
2 Badesteg Percha
Auf Drei …

KM 6
3 Votivkapelle
Dem Märchenkönig gedenken

12

SCHLEMMEN & SCHIPPERN

Ein genussvoller Tag am Starnberger See

Ankommen am Startpunkt und mitten hinein ins Erlebnis. Lässt man sich forttragen von den immer neuen Ausblicken und Möglichkeiten entlang des Seeufers, ist die Zeit schnell komplett vergessen.

KM 13

4 Fischereihofladen

Fangfrisches Versprechen

KM 17,5

5 Ungarisches Tor

Blütenzauber

KM 22

6 Strand Bar & Kitchen

Kuchen und Paddelspaß

KM 25,5 » ZIEL

Seeshaupt (Schiffs- sowie Bahnverbindung)

DIE ZEIT VERGESSEN

Das Vorhaben, mal eben der Länge nach um den Starnberger See und zu seinem südlichen Ende zu radeln, wird jäh unterbrochen von einem »Huch, doch schon so spät?«. Daher ein Tipp vorweg: Es ist eine Überlegung wert, eine Zahnbürste und überhaupt das Allernötigste einzupacken, um an geeigneter Stelle spontan nach einem freien Zimmer zu fragen. Und noch eine Empfehlung ergibt sich daraus: Auch wenn die Tour gerade mal 25 Kilometer auf der Tracking-App bringt, ist ein einigermaßen zeitiger Start sinnvoll. Schließlich steht dieser Tag unter ganz besonderen Genuss-Vorzeichen.

UNENTSCHIEDEN: IST DAS DER SCHÖNSTE BLICK ODER WAR ES DER VORHIN? ODER DOCH DER ANDERE?

Eingeläutet wird er mit einer Stippvisite zur **Starnberger Seepromenade**. Die zeigt sich in der Früh noch vergleichsweise ruhig und ist allenfalls von Möwen bevölkert. An einem Morgen, der einen warmen Tag verspricht, dauert es aber nicht lange, bis sich überall entlang des Wassers auch die ersten Sonnenhungrigen einrichten, prominent auf dem **Badesteg Percha** oder etwas versteckter in einer der vielen kleinen Kiesausbuchtungen des Sees. Mal ein Liegestuhl, dann wieder ein Sonnenschirm – vergnüglich und begleitet vom Türkis des Wassers blitzt Sommerfrische-Flair zwischen den Büschen hindurch. Etwas ganz anderes taucht derweil zwischen den Bäumen im Schlosspark Berg auf und erinnert an die Vergangenheit: eine **Votivkapelle** in Gedenken an den bayerischen König Ludwig II.

Recht bald meldet sich der kleine Appetit. Oder sogar echter Hunger. Auf Fisch? Dann in Ammerland der Nase nach zum **Fischereihofladen**. Überhaupt ist spätestens jetzt die Versuchung groß, alle paar Meter anzuhalten und zu schauen, was sich probieren ließe. Seegarten folgt auf Café folgt auf Badekiosk. Nebenbei überrascht noch ein folkloristisch-farbenfrohes **Ungarisches Tor** beim Dahinradeln und Herumschauen. An der **Strand Bar & Kitchen** ist so ziemlich die ganze Seelänge erreicht.

Und nun? In Seeshaupt die Bahn nehmen. Oder – krönender Abschluss eines genussvollen Tages – an Bord eines Schiffes gehen und Alpenblick sowie Abendsonne inklusive zurück gen Starnberg schippern. «

Entlang des Seeufers präsentieren sich immer wieder prächtige alte Villen.

Den Tag Revue passieren lassen, die Schifffahrt über den See genießen.

In Vorgärten gelugt: Volkskunst trifft Fensterladen.

RADELN & GENIEßEN

Bahnhof Starnberg

Zunächst steht eine Stippvisite zur Starnberger Seepromenade an. Dafür braucht man am Bahnhof gewissermaßen nur aus der S-Bahn fallen.

Beliebtes Fotomotiv: die Bootshäuser an der Starnberger Promenade

KM 0

1

Promenade Starnberg

Bunte Bootshäuser bewundern

Zweifelsohne: Es ist ein grandioser Blick, der sich von der Promenade gen Süden über den See eröffnet. Bei Föhn rücken die Alpen heran. Und selbst neblige Tage haben ihren Reiz, wenn zum Beispiel ein Ruder-Achter scheinbar mühe- und lautlos in einem weißgrauen Schleier entschwindet. Ganz gleich, wie sich das Wetter gibt, die farbenfrohen Bootshäuser rechter Hand zieren die Promenade, die irgendwann eine echte Flaniermeile werden könnte. Schon seit den 1980er-Jahren ringt die Starnberger Bürgerschaft darum, Stadt und See besser miteinander zu verbinden. Ausgang bis auf weiteres offen.

Auf der uferabgewandten Seite des Bahnhofs nach rechts und damit Osten losradeln, der Radwegausschilderung folgen, direkt hinter der Würm-Brücke rechts. Bald sind Kempfenhausen und Berg ausgeschildert.

Percha – eine erste Verführung zum Baden.

Die Votivkapelle am Ostufer des Starnberger Sees.

IN DER ABEND-SONNE

KM 2

2 Badesteg Percha
Auf Drei ...

Wo der See am schönsten ist? Die Antwort ist schnell gefunden: auf einem Steg. Nach vorne Wasser, zu den Seiten Wasser, unter einem Wasser. Wenn es an besonders warmen Tagen irgendwo zumindest ein ganz leichtes Lüftchen gibt, dann hier. Es ist fast immer etwas los, und an Schönwetter-Nachmittagen wird's auf den Liegewiesen ringsum rasch auch mal voll. Die Gunst der frühen Stunde nutzen? Für einen morgendlichen Wasser-Erstkontakt eignet sich der Steg perfekt. Selbstredend: Der Ausblick ist auch von der nordöstlichsten Ecke des Sees ziemlich toll.

Weiter dem Radweg entlang des Sees folgen. In Kempffenhausen an ein paar Stufen kurz absteigen. In Berg gibt's eine kurze Bergetappe, bevor der Radweg in den Schlosspark abzweigt.

KM 6

3 Votivkapelle
Dem Märchenkönig gedenken

Ludwig II. – Märchenkönig und Mythos. Nicht zuletzt, weil bis heute zentrale Fragen um seinen Tod nicht geklärt sind, wird der bayerische Regent wohl immer einen ganz besonderen Platz in der Landesgeschichte haben. War es Mord? Suizid oder Unfall? Gescheiterte Flucht? Fakt ist: Hier, im seichten Uferwasser, wurde der König 1886 tot geborgen. Ein schlichtes Holzkreuz erinnert daran. Prunkvoll verziert hingegen der Innenraum der 32 Meter hohen, trutzigen und für den »Kini« errichtete Gedächtniskapelle, deren tiefblau ausgestaltete und mit Palmen verzierte Kuppeln Eindruck schinden.

Ufernah weiter bis nach Ammerland.

KM 13

4 Fischereihofladen
Fangfrisches Versprechen

In Ammerland liegt Räucherduft in der Luft. Hinter dem Haus qualmt es aus dem Ofen und schon kurze Zeit später liegen die goldgelben Fische ganz oder filetiert in der fünf Meter langen Theke des Fischereihofladens Sebald (www.bootsverleih-fischerei.de). Fangfrisch. Was eben gerade ins Netz geht. Seeforelle, Saibling, Renke. Wer Fisch mag, plant daher diesen Stopp fest in jede Ostufer-Radeltour ein. Gegessen wird lauschig an einem der Tische unter den alten Apfelbäumen auf der Streuobstwiese. Ein individueller wie wunderbarer Brotzeitgarten, der noch treffender Fischzeitgarten hieße. Die Fischbaguettes sind so groß, dass sie sich auch gut teilen lassen. Köstlich auch die Fischpflanzerl und Spinat-Fisch-Röllchen.

Ufernah und durch das Naherholungsgebiet Ambach weiter Richtung Süden.

Die Tische unter den alten Bäumen sind sehr begehrt für die Fisch-Pause.

Dieses Detail vom Ungarischen Tor wirkt wie ein schwungvoller Pinselstrich.

KM 17,5

5 Ungarisches Tor
Blütenzauber

... dann ist da noch dieses etwas zurückgesetzte Landhaus, von dem allerdings ein farbenprächtiges Holztor ablenkt: Rote, gelbe und weiße Blüten, die an Mohn, Tulpen und auch Lilien erinnern, ranken schwungvoll daran empor.
Solche folkloristischen Holztore errichteten ungarische Bauern in Siebenbürgen gerne als Hofeinfahrten und zeigten damit den Übergang von der weiten Welt in das geschützte Zuhause an. Das Haus gehörte dem Ungarn Gyula Benczúr, der zunächst in München studierte und später selbst an der Kunstakademie eine Professur für Historienmalerei innehatte. Am Ostufer des Starnberger Sees verbrachte er über Jahre seine Sommerfrische; sein Bruder Béla schenkte ihm das Tor. »Friede den Eintretenden« ist auf Ungarisch an dem 2010 runderneuerten Bauwerk zu lesen.

Weiter dem Radweg entlang des Sees folgen.

KM 22

Strand Bar & Kitchen

Kuchen und Paddelspaß

Es sprengte den Rahmen, wollte man alle Cafés, Kiosks und (Bier-)Gärten erwähnen, die sich entlang des Ostufers aneinanderreihen. Am einfachsten ist's, man hört einfach ein wenig in sich hinein, um zu wissen, wonach einem gerade der Sinn steht. Bald hinter dem Ambacher Naherholungsgebiet und bei Sankt Heinrich sind jedenfalls mit der chilligen Beach Bar Kleines Seehaus (kleines-seehaus.de) und ein paar Meter weiter mit der entspannten Strand Bar & Kitchen die südlichsten, sonnenverwöhnten Schlemmerspots dieser Radelrunde erreicht. Bei Ersterem gibt's Liegestühle mit Sandstrandfeeling obenauf, bei Zweiterem ließe sich noch ein SUP für eine Runde auf dem Wasser ausleihen. Die Qual der Wahl.

Weiter dem Radweg folgend, am Naturschutzgebiet entlang, bis Seeshaupt – dort Radelnadelöhr, sodass man früher oder später auf der Hauptstraße fährt. Von dieser zum Schiffsanleger oder etwas später der Ausschilderung zum Bahnhof nach.

EXTRA INFOS:

Morgen ist ja auch noch ein Radeltag … Für die (nicht ganz so) spontane Übernachtung am Starnberger See im ● **Landhotel Huber** (www.landhotel-huber.de) in Ambach anfragen. Dort gibt's eine Terrasse mit Blick zum See, obendrein einen eigenen Strand, vor dem sich auch eine SUP-Runde drehen lässt.

KM 25,5 » ZIEL

Seeshaupt (Schiffs- sowie Bahnverbindung)

Gleich noch mal raus auf und in den See …

… oder erst eine weitere Schlemmerpause?

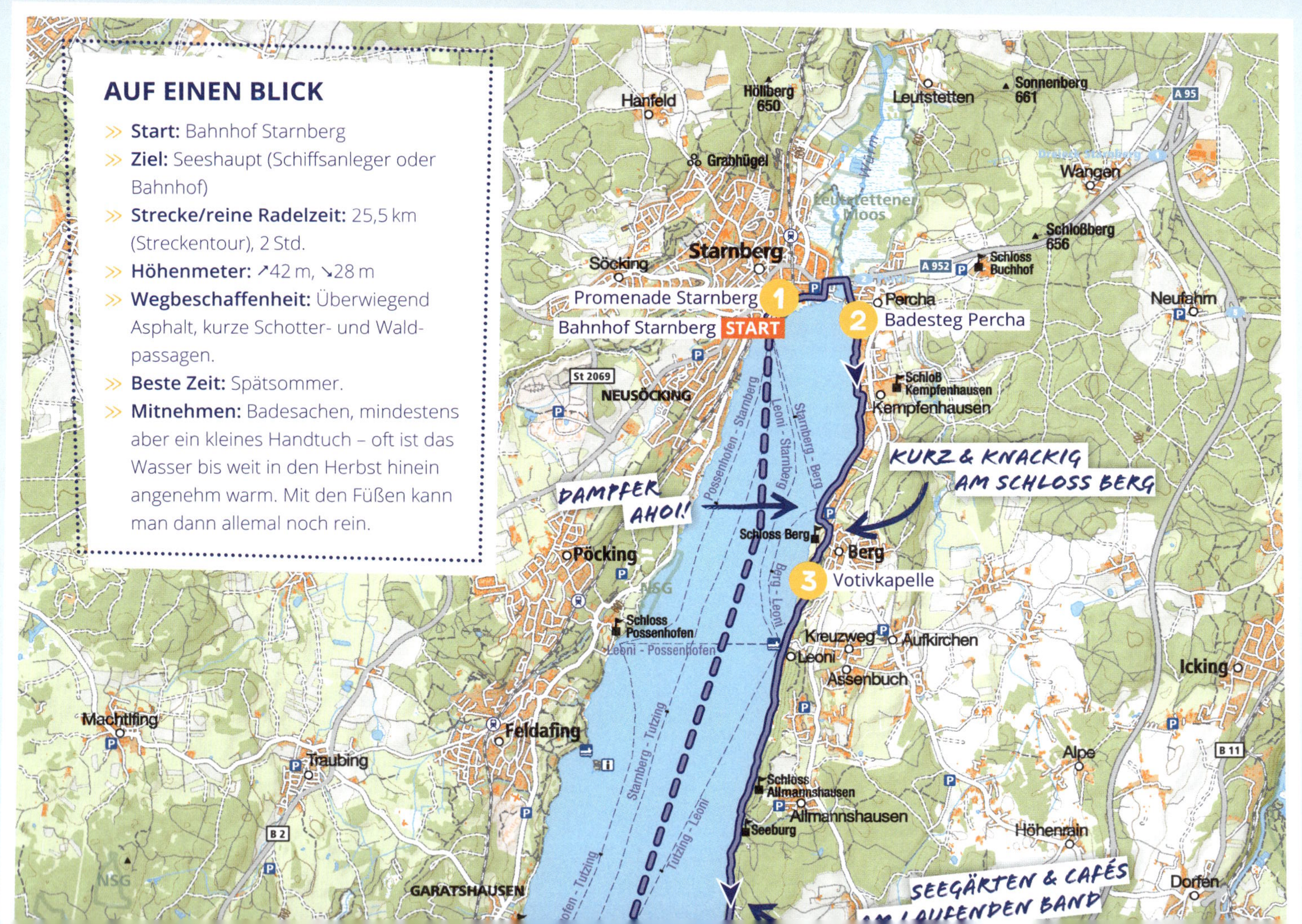

AUF EINEN BLICK

- **Start:** Bahnhof Starnberg
- **Ziel:** Seeshaupt (Schiffsanleger oder Bahnhof)
- **Strecke/reine Radelzeit:** 25,5 km (Streckentour), 2 Std.
- **Höhenmeter:** ↗42 m, ↘28 m
- **Wegbeschaffenheit:** Überwiegend Asphalt, kurze Schotter- und Waldpassagen.
- **Beste Zeit:** Spätsommer.
- **Mitnehmen:** Badesachen, mindestens aber ein kleines Handtuch – oft ist das Wasser bis weit in den Herbst hinein angenehm warm. Mit den Füßen kann man dann allemal noch rein.

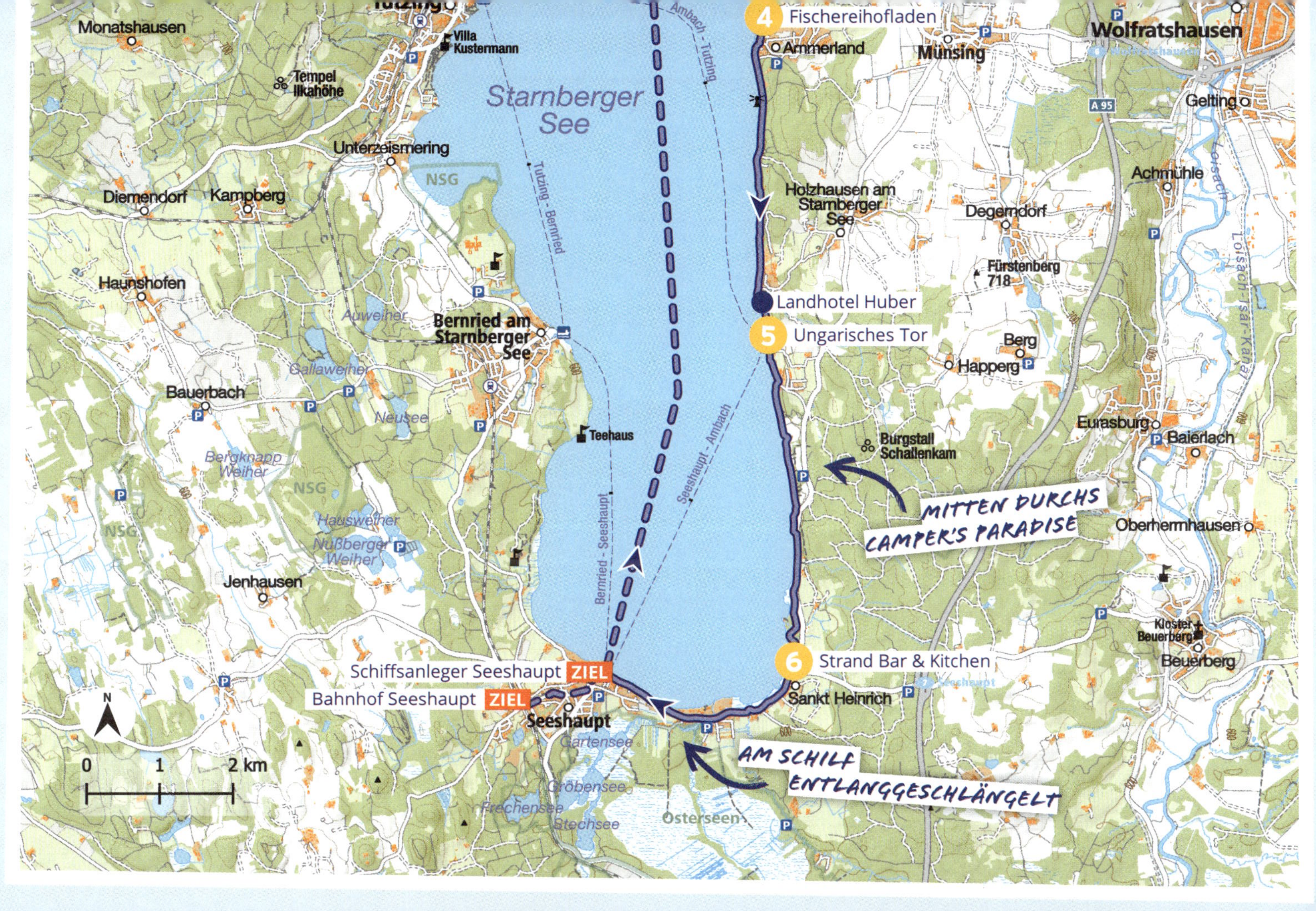

Starnberger See
4 Fischereihofladen
Landhotel Huber
5 Ungarisches Tor
6 Strand Bar & Kitchen
Schiffsanleger Seeshaupt ZIEL
Bahnhof Seeshaupt ZIEL
MITTEN DURCHS CAMPER'S PARADISE
AM SCHILF ENTLANGGESCHLÄNGELT
Wolfratshausen
Ammerland
Münsing
Gelting
A 95
Achmühle
Holzhausen am Starnberger See
Degerndorf
Fürstenberg 718
Berg
Happerg
Eurasburg
Baierlach
Burgstall Schallenkam
Oberhermhausen
Kloster Beuerberg
Beuerberg
Sankt Heinrich
Seeshaupt
Gartensee
Gröbensee
Frechensee
Stechsee
Osterseen
Loisach
Loisach-Isar-Kanal
Ambach - Tutzing
Tutzing - Bernried
Seeshaupt - Ambach
Bernried - Seeshaupt
Teehaus
Villa Kustermann
Tempel Ilkahöhe
Monatshausen
Unterzeismering
NSG
Diemendorf
Kampberg
Haunshofen
Auweiher
Bernried am Starnberger See
Gallaweiher
Bauerbach
Neusee
Bergknapp Weiher
Hausweiher
Nußberger Weiher
Jenhausen
0
1
2 km
N

DIE RADELPAUSEN

» START
Bahnhof Murnau

KM 2,5
1 Seidlpark
Fensterplatz finden

KM 6,5
2 Neuer Moosbergsee
Die vielen Moorgesichter

KM 20

3 Langer Köchel
Ein Dutzend Blautöne

13

RADELN & MALEN

Murnauer-Moos-Runde

Ein wenig wie ein großes, auf der Spitze stehendes Dreieck erscheint das Murnauer Moos bei genauerem Betrachten auf der Landkarte. Oder wie ein Herz.

KM 23,5

4 Grafenaschau
Bei den alten Glasbläsern

KM 32

5 Ähndl
Aufs Moor schauen

KM 34

6 Münter-Haus
Von Volkstümlichem und Modernem

KM 35 » ZIEL

Bahnhof Murnau

EINMAL DIE GROßE MOORRUNDE, BITTE

Das Murnauer Moos: Ein Herz, das im Sommer grün leuchtet und das im Winter mit monochronen Brauntönen begeistert. Es blieb intakt, weil es Menschen gab, die sich sorgten und die erreichten, dass das Moor seit 1980 geschützt ist.

Um es zu umrunden und dabei auch etwas verstecktere Ecken zu erkunden, ist ein Fahrrad geradezu perfekt. Wichtig auch: Zeichenstift samt Papier. Denn von dem Moor geht vielerorts ein ganz eigener, archaischer Zauber aus. Dieser zeigt sich besonders dann, wenn man die Gegend nur lang genug betrachtet … und vielleicht ja sogar malt.

ÜBERFLOGEN: VOM GRAUREIHER ÜBERRASCHT WERDEN, DER SICH IM FICHTENWIPFEL NIEDERLÄSST

Schon in Murnau, vom **Seidlpark** aus, lassen sich erste Blicke ins Murnauer Moos genießen. Morgens steht die Sonne günstig, man selbst sitzt im Schatten und kann Hand und Arm mit ein paar ersten schnellen Strichen lockern.

Auch die Beine bekommen eine kleine Lockerungsübung, sobald es dann nach Hechendorf hinunter- und ins Moor hineingeht. Jetzt kaum noch vorstellbar, aber da, wo sich heute der **Neue Moosbergsee** versteckt, sowie am **Langen Köchel** war viele Jahrzehnte schweres Steinbruchgerät im Einsatz. Warum nicht einen dieser Seen skizzieren und Details festhalten? Ganz ungestört kann man sich hier ausprobieren, mit dem Stift herantasten an die Landschaft. Und immer wieder innehalten, genau beobachten.

Viele Ooohhhs, Aaahhhs und Bleistiftstriche später, das Moos weiter über **Grafenaschau** und hin zum **Ähndl** umrundet, gipfelt der Radeltag in dem, was glatt als Moor-Paradeblick durchgehen darf. Vorn das Moor, dahinter der Gebirgskranz mit Herzogstand, Hoher Kiste, Ettaler Mandl und wie die Gipfel alle heißen. In der Mitte wuchtet sich das Wettersteingebirge ins Bild. Letzte selbstgestellte Aufgabe des Tages: dies irgendwie zu Papier bringen, innerhalb weniger Minuten. Oder weiterradeln zum **Münter-Haus**, Atelier und Wohnsitz von Gabriele Münter, und schauen, wie die Malerin diese Landschaft einst auf dem Papier abstrahiert hat. «

Schilf frisst Weg, scheint es an einer kurzen Stelle am Neuen Moosbergsee. Doch es geht bequem weiter.

Kistenblick: Der Murnauer Untermarkt.

... und immer wieder Paradeblicke aus dem Moos zum Wettersteingebirge samt Zugspitze ...

»START
Bahnhof Murnau

Zunächst der Ausschilderung zur Innenstadt folgen.

Im Seidlpark sind ursprüngliche Sichtachsen seit einigen Jahren wiederhergestellt.

KM 2,5

1 Seidlpark

Fensterplatz finden

Vielleicht gerade, weil Murnaus Umgebung nicht geizt mit Natureindrücken, scheint es umso erstaunlicher, dass der Seidlpark bis heute erhalten ist. Der weitläufige, kunstvoll gestaltete Landschaftsgarten, der zu Beginn des 20. Jahrhunderts die Villa des Münchner Architekten Emanuel von Seidl umrahmte, erlebte einst Künstlerfeste, Theateraufführungen und Konzerte. Und im Winter gab es wilde Schlittenpartien.

Seit 2008 engagiert sich ein Förderverein, den einstigen Zauber des Parks wieder sicht- und fühlbar zu machen. Auch die wieder freigeschnittene Sicht zum sich keck in den Himmel spitzenden Ettaler Mandl gehört dazu. Betagte, hochgewachsene Bäume rahmen die Szenerie wie ein Fenster ein, und man bekommt eine leise Ahnung davon, wie großartig der Blick aus dem Privathaus gewesen sein muss.

»Von oben« den Park auf der Straße umrunden und bis Hechendorf der Radwegausschilderung folgen. Etwa 500 Meter hinter dem Ort rechts über die Bundesstraße und ins Moos.

Und immer wieder Stadel – sie charakterisieren die hiesige Kulturlandschaft.

Mitunter einfach betörend, die Farbe des Langen Köchel.

KM 6,5

2 Neuer Moosbergsee
Die vielen Moorgesichter

Ganz früher, im dritten und vierten Jahrhundert, siedelten an dieser Stelle Römer. Einige archäologische Funde aus damaliger Zeit konnten noch fix gesichert werden, als Anfang des 20. Jahrhunderts ein Steinbruch in Betrieb ging und bis ins Jahr 2000 Glaukoquarzit abbaute. Das extrem harte Gestein diente als Bahn- und Straßenschotter. Wirtschaftlich interessant, für das sensible Moor jedoch folgenschwer.
Die Bewahrung des Murnauer Mooses (www.murnauermoos.de) ist vor allem Ingeborg Haeckel zu verdanken. Mehrere Jahrzehnte kämpfte die Murnauer Biologin darum, den Lebensraum von Pfeifengras und Sumpfgladiole, von Argus-Bläuling und Gold-Scheckenfalter zu erhalten. Auch gefährdete Wiesenbrüter wie die Bekassine und der Große Brachvogel finden in dem Naturschutzgebiet einen Rückzugsort.

Dem Wegweiser »Auf den Spuren der Römer« folgen. An die Loisach überwechseln und in Eschenlohe auf das Sträßchen nach Grafenaschau einfädeln. Auf den (unbeschilderten) Abzweig nach rechts zum Langen Köchel achten.

Dem Weg ins Moor folgen zum Neuen Moosbergsee.

KM 20

3 Langer Köchel
Ein Dutzend Blautöne

Aus der Moorebene erheben sich mehrere bewaldete Felskuppen, sogenannte Köchel. Der höchste von ihnen ist der Lange Köchel mit heute 710 Metern. Auch er besteht aus Hartstein, auch er verschwand über die Jahrzehnte Meter um Meter und liegt verteilt in Gleisbetten und Schnellstraßen Südbayerns. Nachdem der Abbau eingestellt war, füllte sich die hinterlassene Grube innerhalb weniger Jahre mit Grundwasser und Niederschlägen. ... et voilà: Das Murnauer Moos präsentiert den Langer-Köchel-See. Passen die Lichtverhältnisse, erkennt man besonders gut, wie klar das Wasser ist. Berühren Sonnenstrahlen den See, schimmert er in den unterschiedlichsten Blautönen, etwa türkis-, cyan- oder aquamarinfarben.

Zurück zum Hauptweg und weiter nach Grafenauschau.

Grafenaschauer Dorfladen und Infozentrum unter einem Dach

KM 23,5

4 Grafenaschau

Bei den alten Glasbläsern

Am Rande des Murnauer Mooses gelegen, mit Dorfkirche und Dorfladen, Feuerwehrgerätehaus und Rathaus. Noch vor ein paar Jahren hätte damit eine Beschreibung von Grafenaschau mitunter schon geendet. Denn das Wissen um die Glashüttengeschichte des Ortes war fast verschüttet. Dabei entstanden hier alle möglichen Glasflaschen, -krüge und -gläser, außerdem Butzenscheiben, die in Türen und Fenstern Verwendung fanden. Auch die Hinterglasmaler rund um den Staffelsee nahmen jährlich Tausende Scheiben für ihre Bilder ab. Ein in der Glashütte mehrfarbig gefertigter Lüster hängt in der Kirche St. Wolfgang. Lokales Glaswissen sammeln lässt sich auf dem 3,5 Kilometer langen Glashüttenweg und im Infozentrum im Obergeschoss des Dorfladens (an der Kasse nach dem Schlüssel fragen).

Grafenaschau nach Norden verlassen. Direkt vor der (Lindenbach-)Brücke rechts ins Moos.

KM 32

5 Ähndl

Aufs Moor schauen

Wenn eines klar ist nach dieser Runde: Hübsche Flecken im Murnauer Moos gibt's viele. Ein besonders aussichtsreicher ist dieser hier am Hang, der das Murnauer Moos nach Norden begrenzt. Ihn ziert die Kirche St. Georg, vom Volksmund Ramsachkircherl oder liebevoll 's Ähndl genannt.
Das ehemalige Mesnerhaus direkt daneben ist seit etwa 1930 Ausflugslokal (aehndl.de). Drinnen zwei kleine Stuben. Draußen, unter den Kastanien, ein beschaulicher Biergarten – entspannt und im Schatten lässt es sich dort lange über das Moor schauen und dabei neue Ideen finden, ganz gleich ob zum Radeln oder Malen.

Auf kurzem Weg nach Osten zurück nach Murnau, dort links in die Mühlstraße abseits des Durchgangsverkehrs. Nach knapp einem Kilometer links in die Kottmüllerallee zum Münter-Haus.

Gleich zu Beginn, zwischendrin oder immer wieder: Eine kleine Erinnerung an den Tag im Moor skizziert.

Wie schön, wenn es noch Platz gibt an einem der Tische im kleinen Ähndl-Biergarten.

EXTRA INFOS:

Einen Kurs namens Malen im Moos bietet Christian Schied mehrmals im Jahr als Halbtages- oder Tagesvariante an. Anmeldungen laufen über das Tourismusamt.

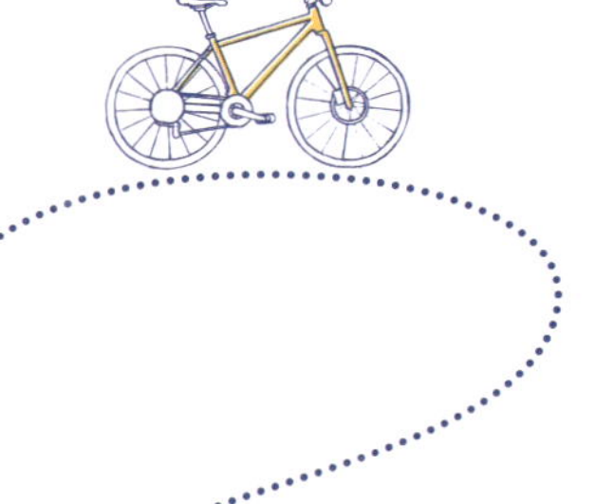

KM 34

6 Münter-Haus

Von Volkstümlichem und Modernem

KM 35 » ZIEL

Bahnhof Murnau

Was wäre Murnau ohne den Blauen Reiter, was wäre der Blaue Reiter ohne Murnau? Im Wohnhaus von Gabriele Münter (www.muenter-stiftung.de) kann man sich hineinfühlen, wie sie – eine Zeitlang gemeinsam mit Wassily Kandinsky – dort gelebt und gearbeitet hat. Weiße Fassade, dazu Fensterläden, die ebenso blau leuchten wie die Seiten das Mansardendaches. Klingen in ihnen das Blaue Land oder der weite oberbayerische Himmel an? Gemälde, Grafiken und Hinterglasbilder von Kandinsky und Münter schmücken die Wände des Hauses, das in seinen ursprünglichen Zustand Anfang des 20. Jahrhunderts rückversetzt ist. Das Münter-Haus ist außer montags immer am Nachmittag zu besichtigen.

Den Berg der Kottmüllerallee wieder hinunter und gleich links dem Wegweiser zum Bahnhof folgen.

In diesem Haus lebte Gabriele Münter, eine Zeitlang gemeinsam mit Wassily Kandinsky, in Murnau.

AUF EINEN BLICK

- **Start/Ziel:** Bahnhof Murnau
- **Strecke/reine Radelzeit:** 35 km (Rundtour), 3 Std. 15
- **Höhenmeter:** ↗115 m, ↘115 m
- **Wegbeschaffenheit:** Etwa hälftig Asphalt und feiner Schotter.
- **Beste Zeit:** Gut während der gesamten Radelsaison, nachdem der Regen etwas abtrocknen konnte.
- **Mitnehmen:** Skizzenheft und Stifte. Kleiner Snack, falls die Kreativpause länger dauert.

Weghausköchel 684
Langer Köchel 710
Langer Köchel See
Moosgraben
Steinköchel 717
Hechendorfer Berg 1291
3 Langer Köchel
TOLLER BLICK
Kleinaschau
Weghaus
Elsterzipfel
Krebssee
Ramsach
A 95
B 2
Schwaigen
Hinterbraunau
Vorderbraunau
Zeilkopf 841
Pfaffenwände
Schwaiger Berg 1365
Apfelbichel
EIN STÜCK AN DER LOISACH ENTLANG
Laine
Loisach
Heldenkreuz 963
Plaicken
Naturpark Ammergauer Alpen
Rauheck 975
Eschenlohe
Bärenbadflecken
Schoberwaldkreuz 1393
Vestbichel 726
Höllenstein
Sillerberg 818
Mühlbach
Eschenlaine
Urlaine
Minecker Grat
0
1
2 km

DIE RADELPAUSEN

»START
Bahnhof Bichl

KM 0,5
1 Bichl
Ofenfrisch

KM 2,5
2 Kloster Benediktbeuern
Beurer Gesänge

KM 5,5
3 Hochmoorpfad
Fährfrau, hol über!

14 MAGIE DER FARBEN

Über Benediktbeuern an die Osterseen

Wie viele Blautöne hat das Wasser? Und auf wie viele Nuancen Grün bringt es ein einziger Radeltag? Gucken, zählen, staunen – so könnte die Devise einer kurzen und ohne Weiteres auch tagesfüllenden Tour zwischen Kloster, Moor und Seen lauten.

KM 16
4 Antdorf
Kleine Gipfelschau

KM 27
6 St.-Vitus-Platz
Am Brunnen

KM 22,5
5 Badestelle Großer Ostersee
Drei Töne Blau

KM 29 » ZIEL
Bahnhof Iffeldorf

DIE FARBEN DES SOMMERS

Maigrün, Lindgrün, Grasgrün. Das Grün von Apfel und von Minze. Doch zum Auftakt dieser Tour gibt ein weiteres Grün den Ton an: In der Nähe von **Bichl** kommt nämlich ein sehr besonderes graugrünes Sedimentgestein vor – Stallauer Grünsandstein. Früher baute man es ab, um es zum Schleifen zu verwenden. Oder aber als Baumaterial und um aus ihm Farbpigmente zu gewinnen. Als Grüne Erde oder Bavarian Green sind diese Pigmente bekannt. Ein anderer Name lautet Benediktbeurer Grün. Schließlich sind nur eine kurze Radelstrecke entfernt im **Kloster Benediktbeuern** viele Teile aus jenem massiven Sandstein gebaut worden, etwa Säulen, Türstöcke oder Stufen. Und für die Farbe der ornamentalen Fassadenmalereien wurde eben dieses Benediktbeurer Grün verwendet.

AM LOISACHSTADL EINEN KLEINEN STEG AUFSPÜREN UND DER STILLE AN DER LOISACH NACHSPÜREN

Beim Betrachten der Fassade lässt sich schon mal das Zeitgefühl verlieren. Das Grün wirkt zurückhaltend, ein wenig gelb, erdig. Ton in Ton mit dem umgebenden Moor. Im Kloster ist auch ein Umweltzentrum ansässig, was wiederum die kleinen Stationen erklärt, die man auf dem Weg gen Loisach erspäht und zu denen ein Klangpfad, eine Vogelstation und ein **Hochmoorpfad** gehören. Während danach die Reifen gen Westen über die Schotterwege knirschen und um einige Wurzeln manövrieren, begleiten einen immer die Alpengipfel. Bei einer Pause am **Antdorfer Panorama** lassen sie sich ganz sicher benennen.

Hinter dem nächsten Wäldchen wartet der zweite Höhepunkt des Tages: die Osterseen, eine Eiszerfalllandschaft mit Wäldern, Mooren und teils verlandeten Seen. Der **Große Ostersee** ist der größte von ihnen. Am nördlichen Ufer sollte man die Chance auf einen Badestopp nutzen, wenn es das Wetter erlaubt. Oder zumindest ausgiebig gucken, denn die Farben, in denen der See oft schimmert, sind bezaubernd.

Schließt man die Runde um den großen Ostersee komplett, kommt man an der Blauen Gumpe vorbei, einem der vielen Quelltöpfe, aus dem Grundwasser emporperlt. Genau daran erinnert später auf dem **St.-Vitus-Platz** ein Glas kalte Limo, in dem kleine Bläschen nach oben steigen. «

Den Großen Ostersee mit der Steigerinsel zu Füßen von einer Bank bei Unterlauterbach.

Schattenspiele.

Die Osterseen werden an mehreren Stellen von Grundwasser gespeist, das durch sogenannte Quelltrichter zutage tritt – die Blaue Gumpe ist einer davon.

RADELN & GENIEßEN

Bahnhof Bichl

Durch die Bahnhof- und Raiffeisenstraße gelangt man zur Ortsmitte.

Verführerisch duftet es aus der offenen Tür der Bäckerei in Bichl.

Bichl

1 Ofenfrisch

Der kleine Ort lässt sich durchaus als prototypisches oberbayerisches Dorf wahrnehmen. Während erst ein farbenfroher Bauerngarten ins Auge sticht, ist gleich daneben an einer langen Hauswand Holz aufgeschichtet. Unter dem Dachüberstand liegt es trocken und nah, so dass an langen Winterabenden für Nachschub im Kamin gesorgt ist. In der Dorfmitte verspricht ein Schild vor der Bäckerei Eberl ofenfrischen Zwetschgendatschi. Das Stück könnte man gleich in der Morgensonne auf der Bank neben der Bäckereitür genießen. Oder ein paar Meter weiter in dem dazugehörigen modernen und dabei gemütlichen Café (cafe-eberl.de), dass Einheimische und Gäste schon früh am Tag zum Schlemmen verführt. Gebacken wird hier bereits in 15. Generation.

Der Sindelsdorfer Straße und der Rad-Ausschilderung nach Benediktbeuern folgen.

In Kloster Benediktbeuren fand man während der Säkularisierung die »Carmina Burana«.

Beherzt zugreifen ... das Floß in Bewegung setzen ... und durchs Moor gleiten.

MUSKELKRAFT GEFRAGT

KM 2,5

2 Kloster Benediktbeuern

Beurer Gesänge

Mehr als 1250 Jahre reicht die Geschichte des Klosters Benediktbeuern (www.kloster-benediktbeuern.de) zurück. Von seinen frühmittelalterlichen Anfängen ist wenig bekannt; wie von einem dichten Moornebel umschlungen, hüllen sich die Quellen in Schweigen. Ähnlich rätselhaft wirkt vieles, was mit der alten Handschrift zu tun hat, die 1803 in der Klosterbibliothek auftauchte: die Carmina Burana, die Beurer Gesänge. Diese Sammlung weltlicher und geistlicher Lieder aus dem 11. bis 13. Jahrhundert behandelt Themen wie die Flüchtigkeit des Lebens, die Wechselhaftigkeit von Wohlstand und Glück, die Gefahren von Völlerei, Wollust und Glücksspiel. Beim Kreuzgang findet sich ein kleiner Ausstellungsraum dazu. Gleich nebenan, im Gotischen Saal mit einer schweren Holzdecke, lädt das behagliche Klostercafé zum Besuch ein.

Am Klosterparkplatz vorbei den Radwegweisern ins Moor folgen.

KM 5,5

3 Hochmoorpfad

Fährfrau, hol über!

Nach etwa drei Kilometern Schotterweg zeigt rechts ein Hinweisschild zum wunderbar abenteuerlich eingerichteten Moorpfad. Über Holzwege und Baumstämme führt dieser zu allerlei Geschicklichkeits- und Balance-Spielereien. Das Highlight: ein Floß, mit dem ein kleiner Moorgraben befahren werden kann. Es ist an einem dicken Stahlseil eingehängt, in das man ein- oder zweimal kräftig greifen muss. Schon setzt sich das hölzerne Gefährt in Bewegung und gleitet durch eine mitunter dicke Schicht Entengrütze.

Weiter zur T-Kreuzung und dort rechts, an der nächsten Brücke über die Loisach und etwas abseits der Straße nach Unterriedern; knapp 300 Meter auf dem Radweg neben der Straße, dann links-rechts-links. Nächstes Ziel: Antdorf. Den Ort über den Schleierweg nach Norden verlassen.

Berge abgleichen am Antdorfer Gipfelpanorama.

KM 16

4 Antdorf
Kleine Gipfelschau

Ein wenig ablenken lassen von Kloster, Moor & Co. kann man sich schon mal entlang des Wegs. Die Alpen gehen da durchaus raffiniert vor und schieben mal den einen, mal den anderen Berg ins Blickfeld. Doch wer ist wer? Besonders markante Gipfel lassen sich vielleicht noch ausmachen. Beim Rest hilft eine Panoramatafel bei Antdorf auf einem Hügel nördlich des Dorfes. Der Erdbuckel ist zwar gerade mal sieben Meter hoch. Aber unverbaut, was für einen ziemlich guten Blick reicht. Und jetzt von Ost nach West: Roß- und Buchstein, Schönberg, Brauneck ... und wie sie alle heißen.

Dem Weg weiter folgen. Über die Straße zum Großen Ostersee und diesen im Uhrzeigersinn umrunden. Direkt vor den Bahnschienen dem Weg nach (ein paar Meter etwas holprig, gegebenenfalls kurz schieben).

KM 22,5

5 Badestelle Großer Ostersee
Drei Töne Blau

Smaragdgrün? Kobalttürkis? Oder doch ganz anders? In der Sonne leuchtet der Große Ostersee bisweilen so intensiv, dass man unweigerlich die Augen etwas zukneift. Doch ganz gleich, auf welchen Farbton die ganz persönliche Wahl fällt: Über das Farb-Philosophieren sollte man nicht das Baden vergessen! Seicht ist das Ufer, aber statt allzu lange durch das flache Wasser zu waten, einfach kurz eintauchen und mit langsamen Schwimmzügen durch das glasklare Nass gleiten. Nur von den ausgewiesenen Badestellen starten, damit die sensible Natur der Osterseen bewahrt werden kann.

Der (Rad-)Weg schlängelt sich durch den Wald. An einer Wegkreuzung rechts, gleich darauf abermals rechts und an der blauen Gumpe vorbei auf den bereits bekannten Weg; von dort links nach Iffeldorf.

Erfrischendes Finale: Ganz seicht geht es zum Baden in den Großen Ostersee.

Dörflich lebendig gibt sich der St.-Vitus-Platz in Iffeldorf.

EXTRA INFOS:

Mehr als reine Erinnerungen mit nach Hause bringen? Dann im Innenhof des **Klosters Benediktbeuern** (Stopp 2) (www.kloster-benediktbeuern.de) im wohlsortierten Klosterladen vorbeischauen. Klösterliche Kultur lässt sich in Form hochwertiger Kräutertees mitnehmen, außerdem lassen sich ausgewählte Gewürze und Weihrauch finden. Dazu, ganz weltlich, verschiedenste Bücher und Freizeitführer sowie Souvenirs, passend zu allen Ereignissen des Lebens.

KM 27

6 St.-Vitus-Platz

Am Brunnen

Es lässt sich ausgesprochen gut aushalten auf dem St.-Vitus-Platz in Iffeldorf. Seinen Namen hat er von der zwiebelturmbehaupteten Kirche, genauso wie das kleine Lokal (vitus-iffeldorf.de), dessen Speisekarte je nach Tageszeit mit Kuchen oder auch Quiche, Saftschorle oder Wein lockt. Vor der mächtigen Kastanie auf dem Platz hängt ein verwitterter Holzeimer wie zur Zierde über dem jahrhundertealten Brunnenschacht und lädt unweigerlich dazu ein, ein Foto zu machen. Gegenüber, an dem dezent herausgeputzten Haus, rankt Grün über die frisch geweißte Wand. Wie an den Nachbarhäusern zieren Geranien die Blumenkästen: Hofmark 1–3 ist die Adresse der Limnologischen Station, einer international anerkannten Außenstelle der Technischen Universität München, in der sich alles um Gewässerkunde dreht.

An der Limnologischen Station vorbei und ein Stück durchs Dorf. Dann links in die Staltacher Straße und vor der Eisenbahnbrücke links zum Bahnhof.

KM 29 » ZIEL

Bahnhof Iffeldorf

Traditionell oberbayerische Eindrücke sind mühelos gesammelt auf dieser Tour.

Badestelle Großer Ostersee
Bahnhof Iffeldorf
ZIEL
St.-Vitus-Platz Iffeldorf
Panorama Antdorf
UMWERFENDER PAUSENBANKBLICK!
AN DER BLAUEN GUMPE VORBEI
AN DER LANDSTRASSE: CHANCE AUF STÖRCHE
Osterseen
Lustsee
Stechsee
Ameissee
Großer Ostersee
Fohnsee
Sengsee
Schechen
Kreuthleite 654
Hohenberg
Hohenberg 703
Buchberg 688
Ellmann
Bonholz
Eichendorf
Leitenbichel 707
Pollingsried
Rauchholz
Unterlauterbach
Torfwerk
Tradfranz
Stadel
Gabelchristlhof
Hardt
Staltach
Karlholz
Hohenkasten
Oberlauterbach
Christbäume Neuried
Neuried
Schwaig
Wolfla
UNTEREURA
Iffeldorf
Brandlerbichel 635
Schillersberger Weiher
Grundwald
Moos
Angerberg 657
Trat
Habacher Holz
Tradlenz
Lanzenbach
Egenried
Kasberg
Untersiffelhofen
Rochusberg 647
Pfannenstiel
Dümpfelfeld
Höllfilz
Weidwies
Pollinger Weiher
Schwarzenbach
Schönach
Ried
Hachtsee
Emmenzberg 664
Dürnberg
Antdorf
Hainra
Kimberg 638
Kirmoos
Frauenrain
Filzlache
Wolfsbichel 677
Fuchsgrube
672
Steinberg 687
Katzenleich
B 472
A 95
Habach
Lothdorfer Bach
Kreimetswiesbichel 695
Obermühle
Sindelsdo
Egereholz
Hochwald
Aidling
Hohe Lüß 798
Baumberg 807
Stöcklesberg 772
Steinköpfel 772
Mühleck
0
1
2 KM
N

AUF EINEN BLICK

- **Start:** Bahnhof Bichl
- **Ziel:** Bahnhof Iffeldorf
- **Strecke/reine Radelzeit:** 29 km (Streckentour), 2 Std. 45
- **Höhenmeter:** ↗18 m, ↘36 m
- **Wegbeschaffenheit:** Einige asphaltierte Strecken; insgesamt viel gut zu fahrender Schotter; westlich des Großen Ostersees hier und da etwas holprig.
- **Beste Zeit:** Idealerweise einen Badetag wählen (als Moorseen sind die Osterseen früh warm).
- **Mitnehmen:** Selbstredend die Badesachen! Wasserflasche für zwischendurch.

DIREKT AM WEGRAND VÖGEL BEOBACHTEN, OHNE ZU STÖREN

START Bahnhof Bichl

1 Bichl

2 Kloster Benediktbeuern

3 Hochmoorpfad

DIE RADELPAUSEN

» START
S-Bahnhof Otterfing

KM 5
1 Jasberg
Die Alpen im Blick

KM 9
2 Linde mit Bank
Päuschen im Schatten

KM 22,5
3 Kloster Reutberg
Aller guten Blicke sind drei …

15 ZUM BADEN VERFÜHRT

Über Kloster Reutberg nach Bad Tölz

Es steht außer Frage: Südlich von München versammelt sich ziemlich das gesamte Who's who der beliebtesten regionalen Ausflugsziele, entsprechend voll ist es oft. Dennoch überraschen auch hier immer wieder erstaunlich ruhige Ecken und Wege.

BERGBLICK INKLUSIVE

An Tagen, an denen das Umland der Stadt und auch der Fahrradsattel locken, ergeben sich schnell einige Fragen, allen voran die nach den Kilometern. Dann will geklärt sein, ob es lieber eine Strecken- oder eine Rundtour wird. Und: eher mit oder gegen die Sonne?

Streckentouren haben den eigenwilligen Charme, dass man sich tatsächlich direkt ein bisschen »auf Tour« fühlt. Dass das Ganze nicht gleich eine Weltumradlung wird, sondern dass es schlicht von einer S-Bahn-Station zu einem Ziel ein paar Kilometer weiter geht, ist dabei nebensächlich.

BLAU MACHEN: WENN SICH NACH DEM BADEN IM KIRCHSEE EIN BLÄULING AUF DEN KLEINEN ZEH SETZT

Überhaupt dreht es sich ganz schnell um andere Fragen: Gibt's schöne Blicke auf die Alpen? Ja, das erste Mal am **Jasberg**, nach einer kurzen, kühlen Abfahrt durch den Wald, bei der die morgendlichen Sonnenstrahlen durch die Äste greifen, und einem kleinen Anstieg, der sogar ein klitzekleines bisschen keuchen lässt. Letztlich ist's aber wie beim Wandern zum Gipfel: Oben ist prompt alle Anstrengung vergessen und der Blick sorgt für Entschädigung.

Bald steht einladend eine Bank am Wegrand, und eine **Linde** bei Linden spendet Schatten während einer Trinkpause. Es ist eine ruhige Gegend, durch die sich Sträßlein ziehen. Abseits geläufiger Radrouten und auch abseits des großen Verkehrs.

Lebendiger geht's in **Kloster Reutberg** zu, wobei die Aussicht von der Terrasse am Rand vom Ellbach- und Kirchseemoor ihren Teil dazu beiträgt. Die ist so fantastisch, dass die Pause in jedem Fall lang genug gerät, bevor der **Kirchsee** zu einer Runde Schwimmen verführt: In sein braunes, dennoch recht klares Moorwasser geht's allmählich und flach hinein. So ist das Wasser schon recht früh im Jahr warm genug zum Reinsteigen. Anders als die **Isar**, die lieber den einen oder anderen Hochsommertag gesehen haben möchte, bevor sich ihr kaltes Gebirgswasser antesten lässt.

Zum Abschluss das Rad über das Kopfsteinpflaster in der Altstadt von **Bad Tölz** schieben und genießen, wie die Sonne auf den bunten Hausgiebeln spielt. «

Für ein Glas Honig fliegen die Bienen bis zu drei Mal um die Erde.

Gerne entspannt umschauen, heißt es in vielen kleinen Läden in Bad Tölz.

Es kann bald geernet werden!

RADELN & GENIEßEN

»START
S-Bahnhof Otterfing

Auf der Bahnhofstraße und über den St.-Georg-Platz zur Dietramszeller Straße, die ein kurzes Stück nach rechts und halb links in die Palnkamer Straße. Der (Rad-)Ausschilderung nach Jasberg folgen.

Zum Glück gibt's eine Pausenbank an der Schafweide – so lässt sich den Lämmern beim Herumtollen um ihre Mütter länger zuschauen.

KM 5

1 **Jasberg**

Die Alpen im Blick

Die Bienen summen über die Wiesen und zum Jasberg geht's bergauf. Da hilft kein Drumrumreden. Lang ist der Anstieg nicht und doch erinnert er daran, dass die Münchner Schotterebene (Tour 2) verlassen ist. In alpinen Maßstäben mag der Jasberg mickrig erscheinen, doch der Blick ist genial: Viel Berg für wenige Höhenmeter – das halbe Alpenpanorama Bayerns meint man hier vor Augen zu haben. Mit dem konkurriert einzig das Kirchlein namens St. Quirin und St. Katharina, das neben der Straße zwischen Obstbäumen steht.

Durch Jasberg nach Baiernrain und Linden.

Wie bei den »echten Gipfeln« entschädigt auch am Jasberg der Blick sofort für die kleinen Mühen des Hinaufkommens.

Auf der Karte des Klosterbräustüberls: Hausgemachte Heumilchtopfenpflanzerl.

KM 9

2 Linde mit Bank

Päuschen im Schatten

Im Grunde ist's nicht weiter verwunderlich, dass der Ort Linden Herannahende mit einer Linde empfängt. Die steht am Wegrand, vor ihr eine Bank. So still, wie es ist, lässt sich hier hervorragend ein Päuschen im Schatten einlegen. Und einmal mehr einen fantastischen Blick über die Wiesen hinweg auf die Berge am Horizont genießen, während auf der Koppel Lämmer um ihre Mütter herumtollen und ungestüm über die Wiese jagen. Wie viele Hundert Kilometer ist gleich noch mal der Alltag entfernt?

An der T-Kreuzung im Ort links und nach Dietramszell. Kurzzeitig auf der Straße entlang mit dem einen oder anderen Auto, bald aber wieder auf dem Radweg, hinter Dietramszell durch den Wald der Radausschilderung folgend nach Kloster Reutberg.

WEITBLICK

KM 22,5

3 Kloster Reutberg

Aller guten Blicke sind drei …

… und Kloster Reutberg hat auf jeden Fall ausreichend davon zu bieten. Insbesondere von der Terrasse des Klosterbräustüberls (www.klosterbraeustueberl.de). Schon seit 1677 wird am Reutberg Bier gebraut, erst in Eigenregie der Nonnen und seit 1924 durch eine Brauereigenossenschaft. Das Gros des Reutberger Bieres genießen die Gäste direkt unter dem Kirchturm. Ist ein freier Tisch gefunden, und steht bald auch ein kühles Getränk darauf, kann man bis zum Servieren des Essens zum Bergebestimmen übergehen. Besonders auffällig ist ein tief eingeschnittenes Tal; links davon, ein bisschen spitz und wie ein Kegel wirkend, befindet sich der Bodenschneid, rechts und abgerundeter der Wallberg.

Ein kleines Stück zurück bis zur T-Kreuzung, dort nach links.

4 Kirchsee

Bernsteinfarben

Kaum, dass man von Kloster Reutberg die paar Meter bis zur Straßengabelung zurückgeradelt ist und Richtung Kirchsee abbiegt, öffnen sich ruhige wie beruhigende Moorblicke. Das Ellbach- und Kirchseemoor ist seit 1940 geschützt und damit eines der ältesten Naturschutzgebiete Bayerns. Mittendrin der Kirchsee mit zwei Badestellen. Während man in die Nähe der ersten auch mit dem Auto kommt, geht's zur zweiten nur zu Fuß oder mit dem Rad weiter. Und mit Letzterem sind einige hier. Die Sonne brennt, der Schatten ruft. In den See führt ein heller Holzsteg, das Wasser schimmert bernsteinfarben in der Sonne. Eine träge Sommerstimmung schwebt über allem. Den Schatten genießen, ein wenig lesen, die Augen schließen, eine Runde ins Wasser, danach in der Sonne baden. Und wieder von vorn.

Weiter um den See und über Rain und Ellbach nach Bad Tölz. Dazu zum Schluss auf dem Faistweg bleiben und beim Alten Fährhaus über den Isarsteg.

Der Kirchsee ist recht flach und daher auch früh im Jahr warm.

An hochsommerlichen Tagen kann man sich an der Tölzer Uferpromenade schon mal in das eiskalte Isarwasser wagen.

KM 35,5

5 Bad Tölz - Isar

Treiben lassen

Die Isar besitzt den Beinamen »die Reißende«. Bei Hochwasser hat Bad Tölz ihre ungestüme Kraft immer wieder zu spüren bekommen. 1807 zerstörte der Fluss die Tölzer Isarbrücke, ein paar Jahrzehnte später war sie erneut stark beschädigt. So sind dann auch die massiven Betonverbauungen rund um die Brücke zu verstehen. An weniger wilden Tagen, wenn alle hohen Wasser gewichen sind, verlockt die Isar dagegen zu einer Pause am Ufer. Nicht nur das: Man kann sogar ein Stückchen hineinwaten. Oder sich treiben lassen, wenn es besonders sommerlich ist.

Die Isarbrücke führt rechts des Flusses genau auf die Marktstraße im Zentrum des Ortes zu.

EXTRA INFOS:

Ein Hauch von Hawaii kommt am Kirchsee mit dem ● **Café & Kiosk Maikiki** (www.maikiki.cafe) ins Spiel. Man möge sich den Namen einfach im Wasser gespiegelt vorstellen. Dabei geht's auf der Karte überaus regional und bewusst ausgewählt zu: Gemüsequiche und Käseschinkensandwich, Zucchinikuchen und Blaubeertorte. Oder doch lieber ein Bauernhofeis? Honig mit Nuss, Beerenduo oder Blutorangensorbet klingen gleichermaßen verlockend.

KM 36

6 Bad Tölz - Altstadt

Lüftelmalereien

KM 37,5 » ZIEL

Bahnhof Bad Tölz

Die Marktstraße von Bad Tölz gibt sich recht alpenländisch: Große Giebelhäuser aus dem 18. Jahrhundert sind oberbayerischen Bauernhäusern nachempfunden. Verziert mit Lüftelmalereien, bei denen die Farben auf den noch frischen, feuchten Kalkputz aufgetragen werden. Ist alles getrocknet, hält es lange Wind und Wetter aus. Gepflastert ist die vom Fluss deutlich ansteigende Marktstraße mit Natursteinen. Und weil der Kopf immer wieder von links nach rechts und wieder zurück geht, steigt man hier am besten ab und genießt den kleinstädtischen Abschluss dieses grünen und wasserreichen Tages.

Die Marktstraße geht in die Salzstraße über, an deren Ende rechts in die Ellbachzeile, der Rad-Ausschilderung folgend durch die Ruhlandstraße zum Bahnhof.

Lust auf Cappuccino oder Eisschokolade in der Tölzer Marktstraße?

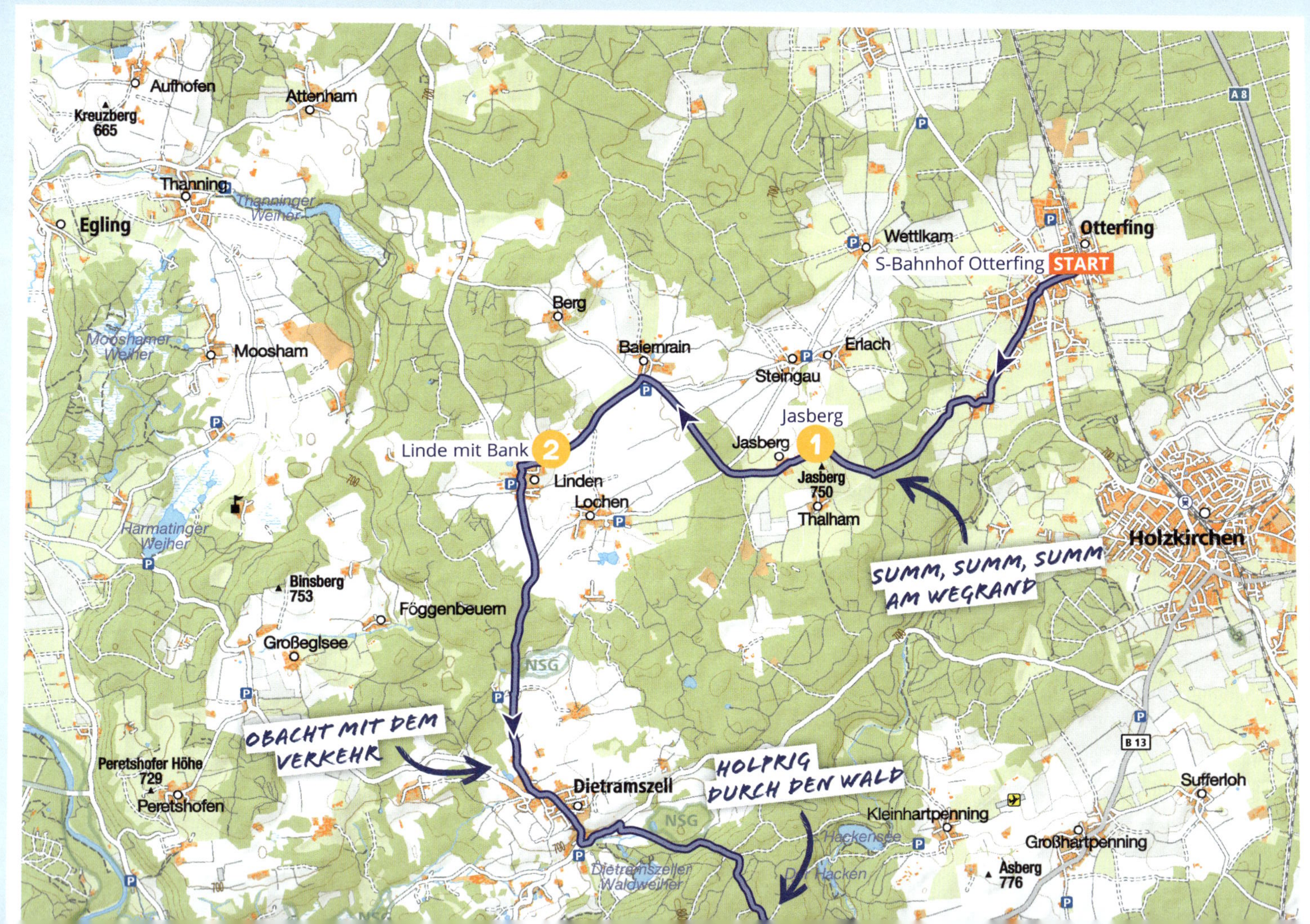

S-Bahnhof Otterfing START
Otterfing
Wettlkam
Erlach
Steingau
Jasberg
Jasberg 750
Thalham
Holzkirchen
SUMM, SUMM, SUMM AM WEGRAND
Baiernrain
Berg
Linde mit Bank
Linden
Lochen
Föggenbeuern
Dietramszell
Dietramszeller Waldweiher
OBACHT MIT DEM VERKEHR
HOLPRIG DURCH DEN WALD
Hackensee
Der Hacken
Kleinhartpenning
Großhartpenning
Asberg 776
Sufferloh
B 13
A 8
Aufhofen
Kreuzberg 665
Attenham
Thanning
Thanninger Weiher
Egling
Mooshamer Weiher
Moosham
Harmatinger Weiher
Binsberg 753
Großeglsee
Peretshofer Höhe 729
Peretshofen
NSG

AUF EINEN BLICK

- **Start:** S-Bahnhof Otterfing
- **Ziel:** Bahnhof Bad Tölz
- **Strecke/reine Radelzeit:** 37,5 km (Streckentour), 3 Std. 30
- **Höhenmeter:** ↗279 m, ↘261 m
- **Wegbeschaffenheit:** Überwiegend Asphalt; zwischen Dietramszell und Kloster Reutberg ein Stück etwas holpriger Waldweg (idealerweise mit breiteren Reifen zu fahren).
- **Beste Zeit:** Der Kirchsee ist schon früh im Sommer warm. Im Juli/August lässt es sich mit den Füßen auch gut in der Isar aushalten.
- **Mitnehmen:** Badeklamotten, Handtuch, Sonnenmilch.

DIE RADELPAUSEN

» START

Bahnhof Kaufering

KM 5,5

1 Rastplatz Via Claudia

Rasten wie die Römer

KM 14,5

2 Meilensäule

(Ganz ohne) Römisches-Zahlen-Lesen

KM 30

Römerbad

Stellen wir uns vor …

16 Radeln mit den Römern

Auf der Via Claudia nach Augsburg

Dicht und hoch sind die Büsche und Bäume gewachsen. Sie säumen heckenartig immer wieder den schmalen Kiesweg, der sich beim Dorf Graben durch die Landschaft zieht. Vor 2000 Jahren war er die wichtigste Verkehrsverbindung weit und breit.

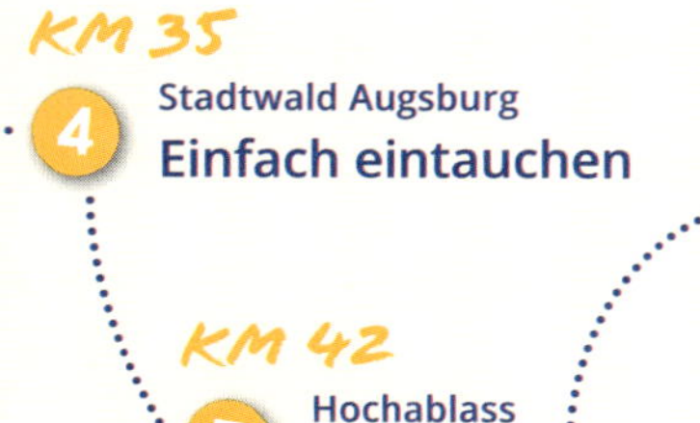

KM 35
4 Stadtwald Augsburg
Einfach eintauchen

KM 42
5 Hochablass
Über Wasser laufen

KM 46
6 Altstadt Augsburg
Gassen und Prachtbauten bewundern

KM 47,5 » ZIEL
Hauptbahnhof Augsburg

KLEINER WEG, GROBE GESCHICHTE

Ein wenig außergewöhnlich ist das Gefühl schon, hier unterwegs zu sein. Denn der schmale Weg, auf dem das Rad leicht dahinrollt, entpuppt sich als die Via Claudia, eine der bedeutendsten Straßen der Römer aus der Poebene, über die Alpen und hinein in ihre nördlichen Einflussgebiete.

Auf einem kleinen **Pausenplatz** bei Igling hat man Gelegenheit, darüber nachzudenken. Hilfreich obendrein, dass die historische Via Claudia Augusta, wie sie vollständig heißt, immer wieder mit informativen Thementafeln und nachgebildeten **Meilensteinen** gespickt ist.

DEM WASSER IM AUGSBURGER STADTWALD AUSGIEBIG BEIM FLIESSEN (ODER STEHEN) ZUSCHAUEN

Als die Römer vor 2000 Jahren die letzten Ecken des Alpenvorlands eroberten, nutzten sie Straßen wie die Via Claudia in erster Linie militärisch. Doch für Mitteleuropa bedeuteten diese Verbindungen auch einen riesigen Fortschritt. Anders als die alten naturbelassen Wege durch die Landschaft, die bei Regen und Schnee immer wieder unpassierbar waren, wurden Römerstraßen möglichst geradlinig gebaut, mit Entwässerungsgräben, geringen Steigungen und talüberspannenden Brücken.

Auf dem Weg über die Alpen, entlang des Lechs und bis an die Donau brachten die Römer außerdem noch andere Ideen und Annehmlichkeiten wie das **Römerbad** mit. Zwar sind davon auf dem Friedhof Königsbrunn nur die Fundamente nachgebildet, ein wenig relaxen und erfrischen lässt sich aber ein Stück weiter am Ilsesee. An dem radelt man vorbei, bevor es in den **Stadtwald Augsburg** geht.

Auf den finalen Kilometern hinein in die Stadt ist das ein ziemlicher Szenenwechsel, denn wo der Weg bisher vorbei an viel Ackerland führte, taucht man jetzt ins Waldgrün ein. Erst am sogenannten **Hochablass** erreicht man die blaue, natürliche Grenze des Waldes und den Lech. Damit schleicht sich ein anderes großes Thema in den Radeltag: Das mächtige Stauwehr am Lech ist ein ziemlich wichtiges technisches Detail der historischen Wasserwirtschaft von **Augsburg** und seit 2019 Teil dieses ganz besonderen UNESCO-Welterbes. Allein das wäre schon Grund genug, später nochmal zurückzukehren in die Stadt – mit oder ohne Rad.

«

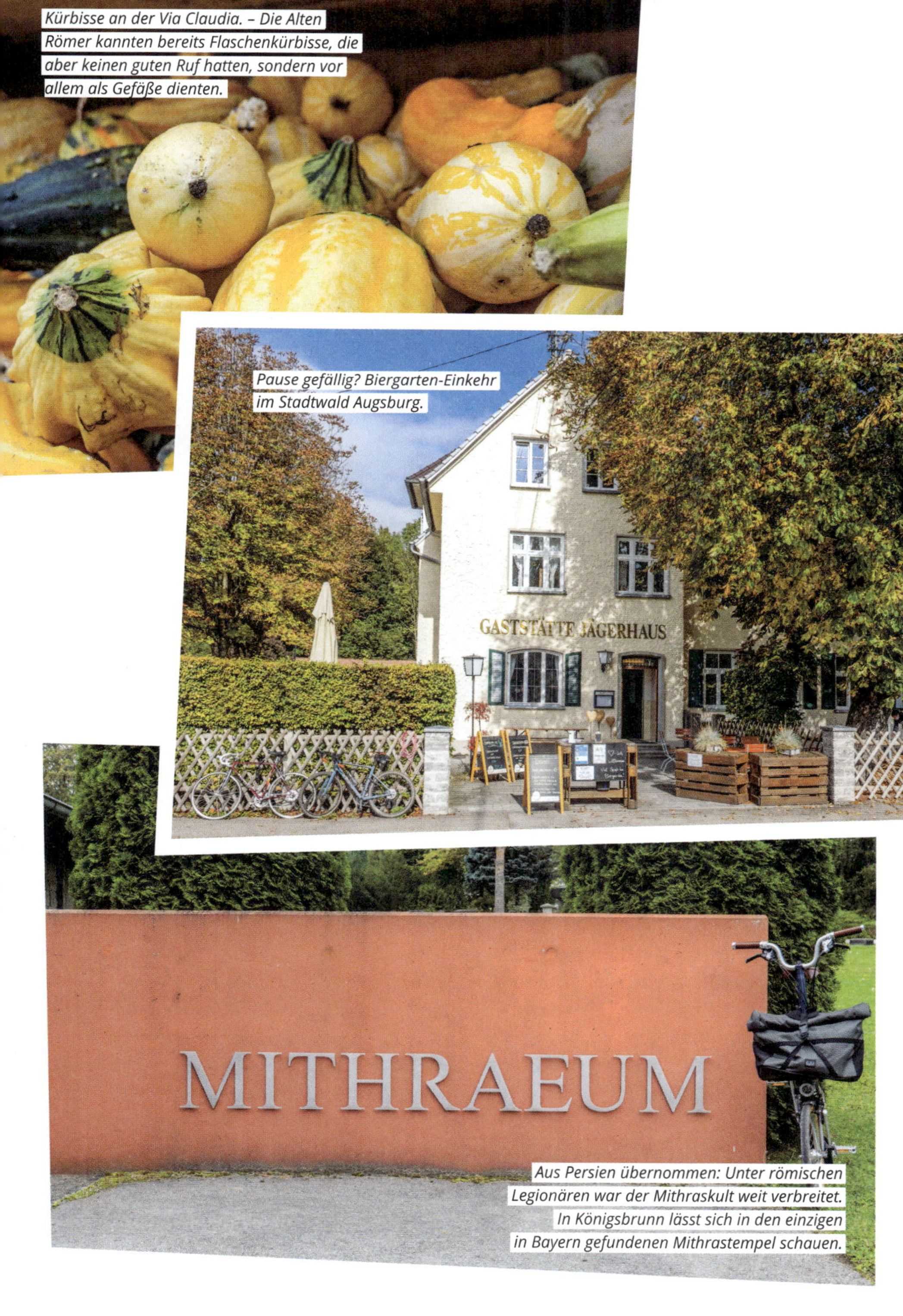

Kürbisse an der Via Claudia. – Die Alten Römer kannten bereits Flaschenkürbisse, die aber keinen guten Ruf hatten, sondern vor allem als Gefäße dienten.

Pause gefällig? Biergarten-Einkehr im Stadtwald Augsburg.

Aus Persien übernommen: Unter römischen Legionären war der Mithraskult weit verbreitet. In Königsbrunn lässt sich in den einzigen in Bayern gefundenen Mithrastempel schauen.

RADELN & GENIEßEN

Bahnhof Kaufering

Nach Westen Richtung Igling. Dort an der Kreuzung nach rechts, kurz vor Dorfende auf den Rad- und Fußweg am Luibach einfädeln.

KM 5,5

Pausenplatz

1 Rasten wie die Römer

Entlang wichtiger Verkehrswege wie der Via Claudia Augusta (www.viaclaudia.org) gab es in regelmäßigen Abständen Raststationen. Naheliegend, dass sich mitunter auch heute noch an genau diesen Stellen das eine oder andere finden lässt. So sind 2004 bei archäologischen Ausgrabungen in der Nähe von Igling Reste von römischem Koch- und Essgeschirr, ebenso wie aus Italien und Südfrankreich stammende feine Glaswaren und kostbares Tafelgeschirr entdeckt worden. Überbleibsel einer eher kleinen, aus Holz gebauten römischen Siedlung.
Gebaut an einem kleinen Tümpel, findet sich hier heute ein kleiner Unterstand, der zu einer ersten morgendlichen Pause verführen kann.

Immer weiter geradeaus. In Untermeitingen kurz vor dem Ortsende rechts in die Sachsenstraße.

Rastplatz bei Igling: Erst mal etwas informieren, was die Römer hier taten.

Dem Original nachempfunden: Meilensäule bei Untermeitingen.

Die nachgebildeten Fundamente des einstigen Römerbads helfen der Vorstellungskraft auf die Sprünge.

TREFFPUNKT BAD

KM 14,5

Meilensäule

(Ganz ohne) Römisches-Zahlen-Lesen

Hand aufs Herz: Allerspätestens bei Werten über Tausend wird's mit dem Entziffern Römischer Zahlen kompliziert, oder? Glücklicherweise sind in der Meilensäule in Untermeitingen keine solch großen Zahlen festgehalten. Eingraviert stattdessen, und zwar mit arabischen Ziffern, die Jahre 46/47, die Entstehungszeit der Via Claudia.

Zwar ist die hiesige Meilensäule dem Original nur nachempfunden, aber man kann sich doch ganz gut vorstellen, wie diese auch Leugenstein genannten Säulen in regelmäßigem Abstand an der Straße auftauchten und Orientierung boten. So auch auf dem ab hier und bis Königsbrunn längsten durchgängig heute noch sichtbaren Stück der Via Claudia.

Den Radwegschildern folgen bis an den südlichen Stadtrand von Königsbrunn. Dort nach links in die Bobinger Straße, dann am Kreisverkehr rechts. Zwei Kreisverkehre weiter liegt links der Friedhof Königsbrunn.

KM 30

Römerbad

Stellen wir uns vor ...

Wo sich heute der Städtische Friedhof von Königsbrunn befindet, gab es früher eine Villa Rustica, einen römischen Gutshof mitsamt einem Römerbad. Denn zum guten Ton und Standard gehörten bei den Römern bereits Bäder – in Städten, Dörfern und selbst auf kleinen landwirtschaftlichen Höfen. Dort entspannte man sich von der Arbeit, säuberte und pflegte den Körper und kam in den Genuss von Massagen. Hier traf man sich auch mit der Nachbarschaft, tauschte Nachrichten, Klatsch und Tratsch aus, diskutierte neueste politische Entwicklungen, spielte und philosophierte. Die Fundamente des einstigen öffentlichen Bades sind heute nachgebildet.

Östlich von Königsbrunn, an der Lechstraße, ist man wieder zurück auf der Via Claudia. Östlich um den Ilsesee in den Stadtwald Augsburg.

Viele Wege führen durch den Augsburger Stadtwald, einer davon nach Rom.

KM 35

4 Stadtwald Augsburg
Einfach eintauchen

Schon 1602 kaufte die Stadt Augsburg einen ersten großen Wald, den Siebentischwald, und sicherte damit die Versorgung der Menschen mit Wasser. Weitere Gebiete kamen dazu, und heute dehnt sich der Grüngürtel, durchzogen von Bächen und kleinen Kanälen, über viele Kilometer den Lech hinunter. Einfach eintauchen, wie es viele Einheimische gerne und ausgiebig machen. Der Wald dient der Naherholung und ist gleichzeitig ein riesiges Naturschutzgebiet. In den Auen leuchten Sumpfgladiolen, auf den Trockenrasen gedeihen seltene Orchideen.

Viele Wege führen nach Rom ... und Augsburg: Im Stadtwald bald der Wegführung zum Hochablass folgen.

KM 42

5 Hochablass
Über Wasser laufen

Wo die Wertach in den Lech fließt, haben die Römer Augsburg auf einer Hochterrasse erbaut. Das war zwar von Vorteil bei Hochwasser, wenn es aber um Trinkwasser geht, war die Lage eher von Nachteil. Die Römer nutzten jedoch die Topografie und führten – wohl aus der Gegend um Igling – das kostbare Nass über eine Fernwasserleitung vom Lech hinein in die Stadt. Mehrere Jahrhunderte wurde dieses System genutzt. Ab dem Jahr 1000, so die Schätzung, wurde erstmals Wasser an dem siedlungsnahen Wehr abgelassen und in die Stadt geleitet. Noch heute gelangt so Wasser in den Hauptstadtbach, nur ist das Wehr inzwischen vielfach stabiler gegen Hochwasser. Dreifach geknickt, spannt es sich über den Fluss; ein idealer Punkt, zu Fuß oder mit dem Rad auch mal zur anderen Uferseite zu gelangen.

Vom Hochablass etwa 200 Meter zurück, dann nach rechts und vorbei am Botanischen Garten und Roten Tor in die Augsburger Altstadt.

Immer wieder wird der Lech gestaut. Hier: am Augsburger Hochablass.

Hübscher Zugang nach Augsburg: Über ein Viadukt zum Roten Tor.

EXTRA INFOS:

Am Hochablass aufs rechte Lechufer zu schauen kann den akuten Hunger stillen. Heiß, fettig und gut: Die ● **Schwarze Kiste** (www.schwarzekiste.de) ist ein traditioneller Imbiss, auf dessen Speisetafeln unter anderem (vegane) Currywurst, Fritten und Schupfnudeln Seite an Seite mit Marmorkuchen und Cappuccino stehen.

Gleich am Hochablass zweigt sich auch der Eiskanal vom Lech Wasser ab, die Kanu-Slalom-Strecke der Olympischen Spiele von 1972 (Tour 5). In Augsburg war zudem einer von mehreren bayerischen Austragungsorten der olympischen Fußballspiele. In Kiel wurde um Medaillen gesegelt.

KM 46

6 **Altstadt Augsburg**

Gassen und Prachtbauten bewundern

Hier am Lech gründeten die Römer das Legionslager Augusta Vindelicum, bald eine der größten Siedlungen nördlich der Alpen. Etwa ab dem Jahr 95 war Augsburg Hauptstadt der römischen Provinz Raetien. Zeitsprung: Im 14. Jahrhundert trat der Name Fugger auf den Augsburger Plan, der bis heute mindestens so untrennbar mit der Stadt verbunden ist wie ihr römischer Ursprung. All dem kann man zum Abschluss der Tour in der Innenstadt nachspüren. Oder man nähert sich einfach nur durch kleine, hübsche Gassen gemächlich der Altstadt, bewundert noch einige der historischen Prachtbauten und lässt dann in einem der zahllosen Cafés und Lokale diesen Tag voller Geschichte Revue passieren.

Über Königsplatz und Bahnhofstraße zum nächsten Zug.

KM 47,5 » ZIEL

Hauptbahnhof Augsburg

Der Herbst meldet sich zu Wort.

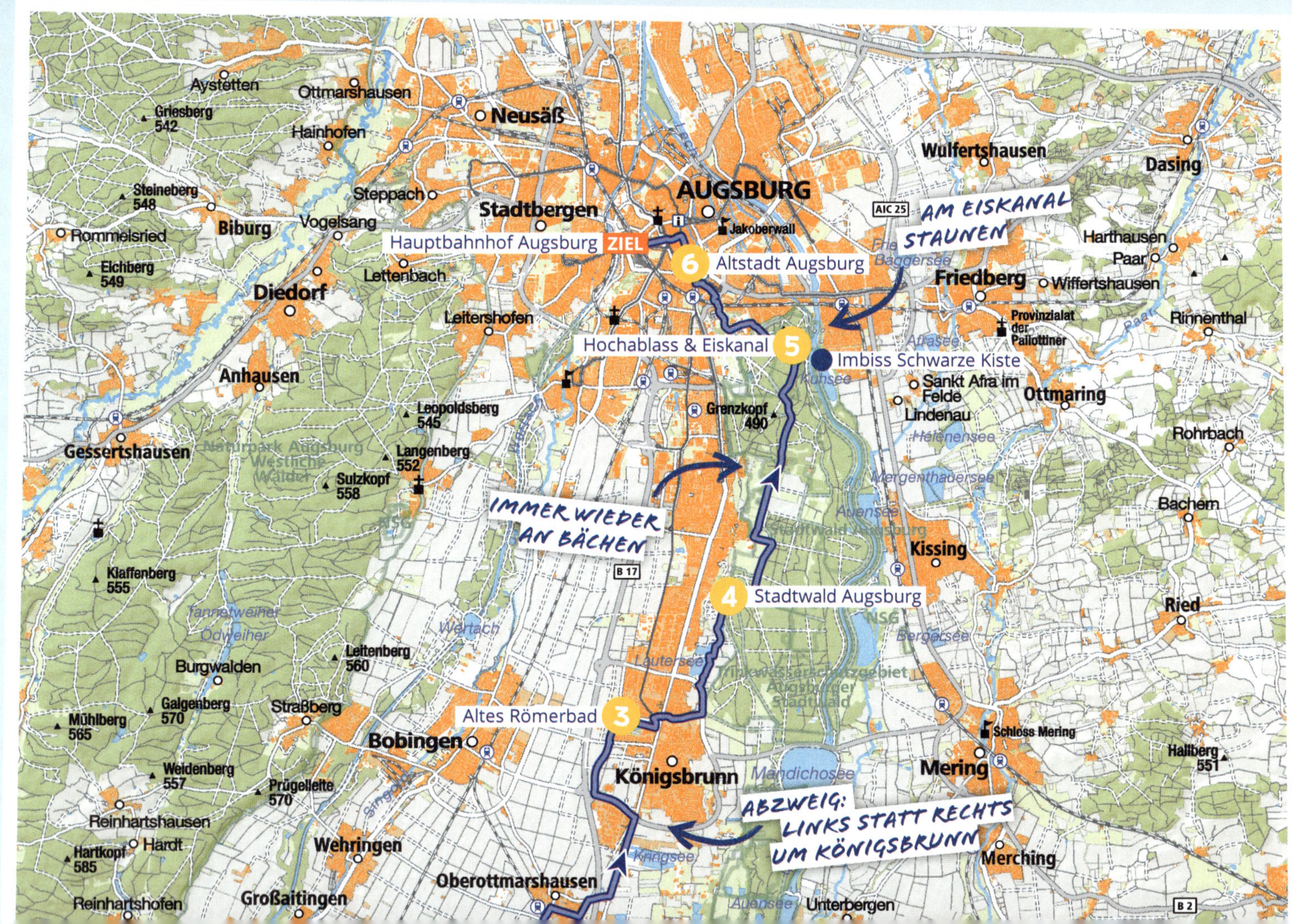

AUGSBURG
Hauptbahnhof Augsburg ZIEL
6 Altstadt Augsburg
5 Hochablass & Eiskanal
Imbiss Schwarze Kiste
4 Stadtwald Augsburg
3 Altes Römerbad
AM EISKANAL STAUNEN
IMMER WIEDER AN BÄCHEN
ABZWEIG: LINKS STATT RECHTS UM KÖNIGSBRUNN
Neusäß
Stadtbergen
Diedorf
Friedberg
Königsbrunn
Bobingen
Mering
Kissing
Dasing
Wulfertshausen
Ottmaring
Gessertshausen
Anhausen
Biburg
Wehringen
Großaitingen
Oberottmarshausen
Merching
Ried
Bachern
Rohrbach
Rinnenthal
Harthausen
Paar
Wiffertshausen
Provinzialat der Pallottiner
Sankt Afra im Felde
Lindenau
Unterbergen
Schloss Mering
Hallberg 551
Aystetten
Ottmarshausen
Hainhofen
Steppach
Vogelsang
Leitershofen
Lettenbach
Rommelsried
Griesberg 542
Steineberg 548
Eichberg 549
Leopoldsberg 545
Langenberg 552
Sulzkopf 558
Grenzkopf 490
Klaffenberg 555
Leitenberg 560
Burgwalden
Straßberg
Galgenberg 570
Mühlberg 565
Weidenberg 557
Prügelleite 570
Reinhartshausen
Hardt
Hartkopf 585
Reinhartshofen
Jakoberwall
AIC 25
B 17
B 2

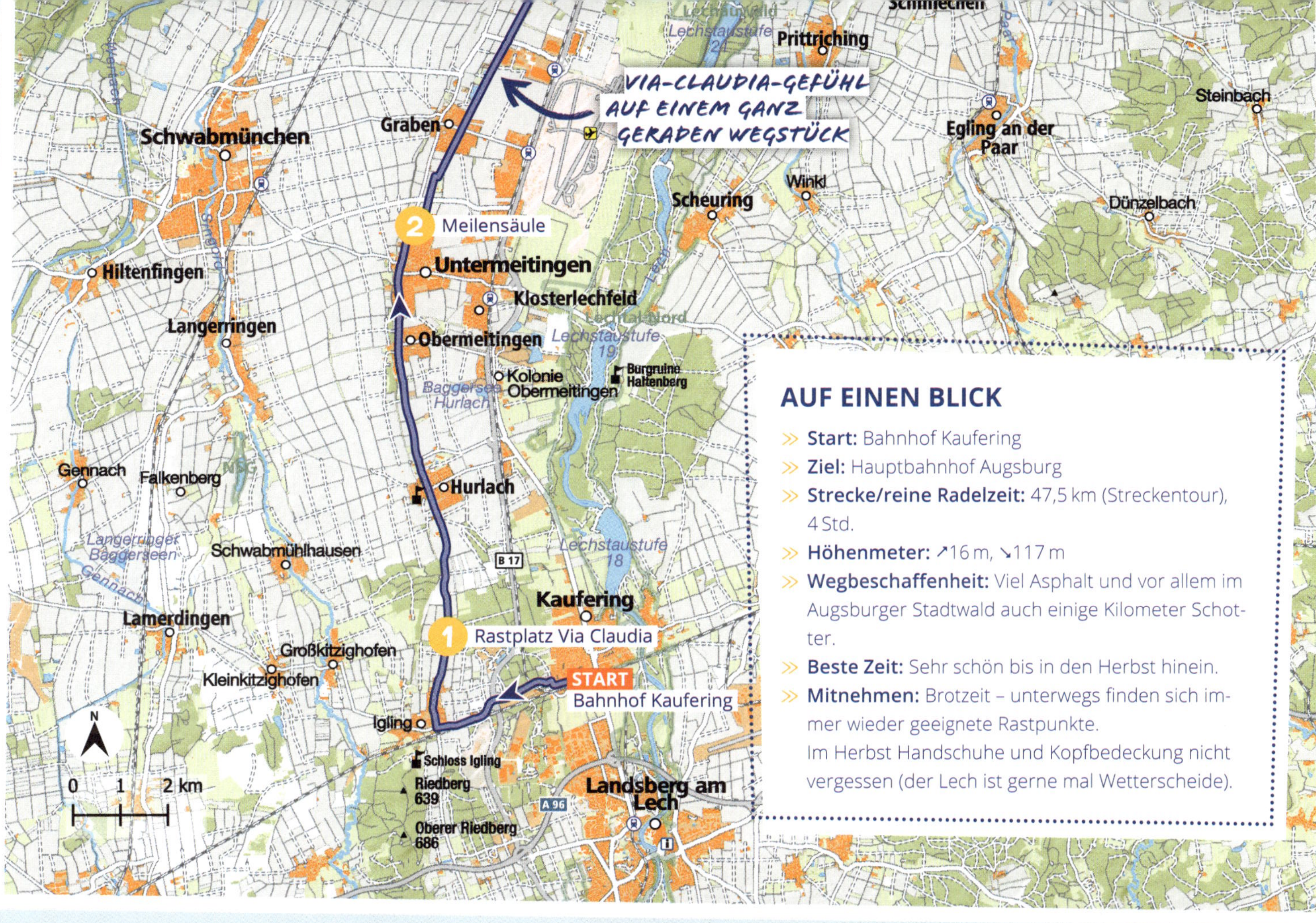

AUF EINEN BLICK

- **Start:** Bahnhof Kaufering
- **Ziel:** Hauptbahnhof Augsburg
- **Strecke/reine Radelzeit:** 47,5 km (Streckentour), 4 Std.
- **Höhenmeter:** ↗16 m, ↘117 m
- **Wegbeschaffenheit:** Viel Asphalt und vor allem im Augsburger Stadtwald auch einige Kilometer Schotter.
- **Beste Zeit:** Sehr schön bis in den Herbst hinein.
- **Mitnehmen:** Brotzeit – unterwegs finden sich immer wieder geeignete Rastpunkte.
  Im Herbst Handschuhe und Kopfbedeckung nicht vergessen (der Lech ist gerne mal Wetterscheide).

DIE RADELPAUSEN

» START
S-Bahnhof Türkenfeld

KM 5,5
1 Ampermoos
Stelldichein mit Wiesenbrütern

KM 10
2 Wolfsgrube
Zurück in die Eiszeit

KM 14,5
3 Schöngeising
Ein Bad vor technikhistorischer Kulisse

17 FLUSS-RAD-WANDERN

Zwischen Ampermoos und Dachau

200 Kilometer misst der Ammer-Amper-Radweg, drei bis vier entspannte Tage ist man dafür unterwegs. Für ein erstes Kennenlernen und auf kurzem Weg von München zu erreichen, macht man mit dem Abschnitt zwischen Ampermoos und Dachau vieles richtig.

KM 20

4 Kloster Fürstenfeldbruck
Prachtvoll im Diesseits

KM 38,5

5 Pausenplatz
Das Ankommen hinauszögern

KM 41,5

6 Altstadt Dachau
Überragender Abschluss

KM 42 » ZIEL

Bahnhof Dachau

PROBELAUF FÜR GROßE TOUREN

Vom S-Bahnhof Türkenfeld Richtung Osten aus dem Ort hinaus fällt die Landschaft nach Süden ganz leicht ab. Diese paar Meter reichen für einen Paradeblick auf das oberbayerische Voralpenland und die Berge. Ganz nah ein zwiebelbehaupteter Kirchturm zwischen Wiesen und Feldern. Dahinter, am Horizont, lassen sich die Alpen selbst an manch dunstigem Augusttag erahnen. Zwischendrin, eingebettet zwischen Wäldern, der Ammersee, gewissermaßen eine Tauschbörse: Biete M, suche P. – aus der Ammer wird dort die Amper.

Hinter Zankenhausen ist auch schon das stille **Ampermoos** erreicht und mit ihm der Ammer-Amper-Radweg; ziemlich lückenlos ausgeschildert mit grünem AAR auf weißem Grund und kaum zu verfehlen. Einen guten Ampermoos-Aus- und überblick bietet der Naturbeobachtungsturm bei Kottgeisering.

AUF DER SCHÖNGEISINGER RADBRÜCKE DIE INSELLAGE ZWISCHEN DEN AMPERARMEN GENIESSEN

Nun geht's Schlag auf Schlag: Bei Grafrath lässt sich ein kurzer Abstecher zur **Wolfsgrube**, einem markanten Totseisloch, einbauen. Bald darauf, in **Schöngeising**, stellt sich die Frage nach dem Bade- oder Picknickzeug. Es gibt ein paar kleine Stromschnellen und direkt daneben, zumindest bei Niedrigwasser, wunderbare Pausenplätze auf Kiesbänken. Oder doch lieber ein Stück Kuchen? Dafür das Flussufer wechseln. Kleines oder größeres Sehenswertes nimmt kein Ende. Hinter Schöngeising, mitten in den Feldern, fährt man am Zellhof vorbei – eine imposante Wirtschaft, die dem Weiler zu seinem Namen verhalf und heute denkmalgeschützt ist.

Nun immer weiter die Amper entlang. **Fürstenfeldbruck** mit seinem prächtig barocken Kloster ist bald passiert, später die geheimnisvoll wirkenden Amperauen bei Olching. Die offizielle AAR-Ausschilderung führt nun zwar hier und da ein bisschen von den vielen Flusskurven weg, aber mit ein wenig Erkundungslust kann man ja selbst noch die eine oder andere Lieblingsstelle für sich entdecken.

Ein weiterer **Pausenplatz** gefällig? Dieser finale Wegabschnitt, nun wieder direkt an der Amper, bietet einige. In **Dachau** dann als Extra hoch auf den Berg in die Altstadt, bevor nach 42 Kilometern der Radmarathon komplettiert ist. «

Die Qual der Wahl: Von Türkenfeld führen mehrere Wegvarianten zum Ampermoos.

Die Amper – Radelfreuden für die einen, Paddelspaß für die anderen.

Die Freuden des Gärtnerns: Die Äpfel sind vielleicht nicht makellos im Aussehen, doch dafür vom eigenen Baum.

RADELN & GENIEßEN

S-Bahnhof Türkenfeld

Über Zankenhausen dem Ammer-Amper-Radweg entgegenrollen und nun während der gesamten Tour folgen.

KM 5,5

1 Ampermoos

Stelldichein mit Wiesenbrütern

Über lange Zeit musste das Ampermoos starke Schädigungen hinnehmen; dieses Schicksal teilt es mit nahezu allen Mooren hierzulande: Entwässerungsgräben entzogen ihm Feuchtigkeit, landwirtschaftliche Flächen entstanden. Naturschutzkreise steuerten gegen, was 1976 zu einem ersten Erfolg führte. Seitdem ist das Ampermoos als Feuchtgebiet von internationaler Bedeutung gelistet und steht heute unter Naturschutz. Vor allem hochgefährdete Wiesenbrüter wie der Kiebitz, der Große Brachvogel und der Wiesenpieper haben dort einen wichtigen Lebensraum. Der Grundwasserspiegel ist inzwischen wieder angehoben, doch gleichzeitig ist der Nutzungsdruck groß auf die Pufferzone rund um das Naturschutzgebiet. Weite Teile des Mooses sind kaum erschlossen. Hinter Kottgeisering kann man auf einen Naturbeobachtungsturm steigen.

Im Grafrather Kreisverkehr geht's nah an die Amper. Für den Abstecher zur Wolfsgrube am Ende vom Schulweg die Schlossbergstraße hinauf und unter der Brücke durch, danach rechts.

Ein paar Meter durchs Schilf schieben, ...

... auf den Turm steigen und sich Überblick verschaffen.

KM 10

Wolfsgrube

Zurück in die Eiszeit

Die letzte Kaltzeit, die Würm-Kaltzeit, fand vor etwa 20 000 Jahren ihr Ende. Damals reichte der Isar-Loisach-Gletscher weit von den Alpen hinab. Als es wärmer wurde, lösten sich große Eisblöcke vom »lebenden« Gletscher ab; Geröll und Geschiebe ergoss sich über dieses »Toteis«. Später schmolz das Eis, zurück blieb ein steilwandiger Landschaftskessel – ein heute als Wolfsgrube bekanntes Toteisloch. Dies ist nur eines von zahlreichen Toteislöchern in der Gegend, aber mit einem Durchmesser von mehr als 100 Metern und über 20 Metern Tiefe das markanteste. Früher, so ist überliefert, nutzten die Menschen das Loch als Fanggrube für Wölfe, daher auch der bildhafte Name.

Am Ortsrand Schöngeising scharf rechts und auf der Amperstraße ins Dorf.

Badestopp in Schöngeising.

KM 14,5

Schöngeising

Ein Bad vor technisch-historischer Kulisse

In einer Amperschleife wartet Schöngeising mit gleich mehreren Stellen auf, an denen sich das Badezeug wunderbar zücken oder aber picknicken lässt, auch vor historischer Kulisse. Oskar von Miller erbaute hier Ende des 19. Jahrhunderts das erste Elektrizitätswerk Bayerns. Den späteren Begründer des Deutschen Museums und Wasserkraftpionier trieb lange die Frage um, wie sich elektrischer Strom gewinnen und nutzen ließe. Wasserkraft galt über lange Zeit vor allem als saubere, regenerative Energiequelle. Heute mehrt sich das Bewusstsein, dass derlei Eingriffe immer auch das ökologische Gleichgewicht eines Gewässers stören, unter anderem weil Fische durch die Staustufen nicht mehr flussaufwärts wandern können und der Fluss im schlimmsten Fall zwar sauber, aber tot ist.

Auf einem Brücklein über die Amper und am Zellhof, einer großen Landwirtschaft, vorbei. In Fürstenfeldbruck ist die Hälfte der Gesamtstrecke absolviert, von nun an rollt das Rad fast allein.

Im Zisterzienserkloster Fürstenfeldbruck finden heute viele Veranstaltungen statt, wie die jährlichen Internationale Naturfototage.

KM 20

Kloster Fürstenfeldbruck

4 Prachtvoll im Diesseits

Neben dem Altstadtensemble zieht in Fürstenfeldbruck das Kloster die Blicke auf sich: Es ist eines der ehemaligen Hausklöster der Wittelsbacher, entsprechend groß und prachtvoll zeigt sich die ehemalige Zisterzienserabtei. Wenig verwunderlich, dass die Klosterkirche St. Maria als ein Hauptwerk des süddeutschen Spätbarocks gilt.

Nach der Säkularisierung Anfang des 18. Jahrhunderts erlebte das Kloster das, was man eine wechselvolle Geschichte nennt. Mal beherbergte es als Privatbesitz unter anderem naturwissenschaftliche Sammlungen, dann wieder dienten die Gebäude als Militär-Invalidenanstalt und Kriegsspital. Seit 2001 ist das historische Areal ein überregional beliebtes Freizeit- und Kulturzentrum mit Konzerten, Ausstellungen und jahreszeitlichen Märkten.

In Emmering, Ortsteil Untere Au, auf den Abzweig nach links in die Olchinger Straße achten.

KM 38,5

Pausenplatz

5 Das Ankommen hinauszögern

Fast am Ziel. Wo der Amperkanal wieder in die Amper fließt, wähnt man sich nahezu auf der Zielgeraden. Mag man das Ankommen noch ein wenig hinauszögern, findet sich hier nochmals eine Pausenbank vis-à-vis des Naturfreundehauses, sodass sich fast mit dessen Gästen am anderen Ufer über den Fluss hinweg plaudern ließe. Oder man lässt, im Schatten der Bäume, die Tour Revue passieren und plant vielleicht, alsbald auch mal die anderen Abschnitte des Ammer-Amper-Radwegs zu erkunden.

An der nächsten Amperbrücke erneut die Flussseite wechseln und bald auf schattigem Weg am Fuße des Dachauer Schlossbergs noch ein Stück am Mühlbach entlang.

Warum sich nicht selbst kurz vor dem Ziel noch mal eine Pause gönnen?

»Einhemmstelle nach München« – Kutschen hatten hier früher den sogenannten Hemm- oder Radschuh zu nutzen, ein Metallgebilde, das bei starkem Gefälle bremste.

KM 41,5

6 Altstadt Dachau

Überragender Abschluss

Einen im wahrsten Sinne des Wortes erhebenden Abschluss garantiert der Besuch der Dachauer Altstadt. Der Schlossberg überragt die niedrigsten Gemeindelagen um mehr als etwa 40 Meter und garantiert so eine imposante Aussicht, vor allem von der Terrasse des Hofgartens. Unterhalb des Schlosses laden die historischen Altstadtgassen zu etwas Müßiggang ein. Das pittoreske Wirrwarr der Gassen hat – neben vor allem landschaftlichen Motiven – im ausgehenden 19. Jahrhundert viele Kunstschaffende nach Dachau gezogen. Unter ihnen Max Liebermann und Franz Marc, ebenso wie als »Malweiber« bekannte Frauen wie Paula Wimmer und Ida Kervovius. Sie alle ließen in der Künstlerkolonie Dachau ihren Ideen freien Lauf.

Am Zollhaus wieder den Karlsberg hinunter und zum Bahnhof ausrollen lassen.

EXTRA INFOS:

Unweit der Route befindet sich ● **Michis Backstüberl** (michis-backstueberl.de), wo Schokocroissants, Rohrnudeln, Brioche und viele andere Leckereien locken. Dazu am Wasserkraftwerk über die Enterbruck kurz auf die rechte Amperseite wechseln.

Das ● **Klosterstüberl** in Fürstenfeldbruck (www.klosterstueberl.de) ist ein Slow Food-Betrieb und bietet sich für eine größere Pause an. Reservierung empfehlenswert, vor allem an den Wochenenden.

Unrühmliche Bekanntheit erlangte Dachau durch das erste »offizielle« Konzentrationslager der Nationalsozialisten. Zum Abschluss der Radtour schaut man vielleicht noch am Eingang der heutigen ● **Gedenkstätte** vorbei. Die eingehende Beschäftigung verlangt nach Zeit; sehr zu empfehlen ist ein geführter Rundgang.

KM 42 » ZIEL

Bahnhof Dachau

Radtag-Belohnung über den Dächern von Dachau: der Blick vom Schlossberg.

AUF EINEN BLICK

- **Start:** S-Bahnhof Türkenfeld
- **Ziel:** Bahnhof Dachau
- **Strecke/reine Radelzeit:** 42 km (Streckentour), 3 Std.
- **Höhenmeter:** ↗5 m, ↘124 m
- **Wegbeschaffenheit:** Asphalt und Schotter wechseln sich ab.
- **Beste Zeit:** Im ganzen Sommerhalbjahr gut zu radeln.
- **Mitnehmen:** Fernglas und ggf. kleine Brotzeit, im Hochsommer Badesachen und kleines Handtuch.

ENTSPANNT IN DEN AMPERAUEN
MITUNTER ETWAS MEHR LOS
Pausenplatz 5
Altstadt Dachau (Abstecher) 6
ZIEL Bahnhof Dachau
Gedenkstätte Dachau
Dachau
Karlsfeld
Olching
Gröbenzell
Germering
Gräfelfing
Krailling
Neuried
MÜNCHEN
Unterschleißheim
Haimhausen
Hebertshausen
Röhrmoos
Schwabhausen

DIE RADELPAUSEN

» START
S-Bahnhof Altomünster

KM 0,5
1 Altomünster
Ums Eck geschaut

KM 2,5
2 Koppel
Esel verstehen

KM 9,5
3 Ecknachtal
Im ständigen Wechsel

18 LAUSCH-TOUR IM GRENZLAND

Von Altomünster nach Augsburg

Wie sieht es aus, das Leben auf dem Land rund um München? Wie klingt und wie schmeckt es? Natürlich bedarf es viel mehr als nur den einen oder anderen Tag im Fahrradsattel, um diese Fragen zu beantworten.

RUNDRADELSOMMER

Das Leben um München erkunden? Ein Vorhaben wäre ja, von jeder Endhaltestelle der Münchner S-Bahn weg eine Radtour zu starten. 13 S-Bahn-Äste führen aus der Stadt heraus. Und so ist ein Radelsommer gerade lang genug, um diese Idee – sagen wir Start immer sonntags – umzusetzen.

Ein Anfang ließe sich damit machen, mit der S2 nach **Altomünster** zu fahren, eine der am weitesten entfernten Endstationen des S-Bahn-Netzes. Von dort geht's mit dem Fahrrad los über **Halmsried** und Wollomoos weiter nach Westen in ein sprachliches Grenz- oder besser Übergangsland auf Höhe vom **Ecknachtal**. Dass man hier Oberbayern verlässt und nach Bayerisch-Schwaben hineinradelt, wird einem spätestens dann bewusst, wenn man die Ohren spitzt. Denn allmählich verschieben sich die die Laute und ins Bayrische mischt sich Schwäbisches. Die ausgiebige Probe aufs Exempel lässt sich hinter einem Wäldchen bei einer Pause im Biergarten von **Schloss Blumenthal** machen. Einfach hören und gut essen. Letzteres wann immer möglich regional, so das Ansinnen der Küche. Ein Teil des Gemüses, das auf die Teller kommt, stammt sogar von eigenen Feldern, denn gemeinschaftlich betreiben acht Familien eine landwirtschaftliche Genossenschaft.

HINTER DEM WÄLDCHEN BEI BLUMENTHAL FAHRT AUFNEHMEN UND DEN SOMMER TIEF EINATMEN

Gleich darauf geht's hinein in den Wald, etwas holprig zwar, aber angenehm schattig. Bald wird der Weg wieder besser und sonniger und der Blick über die Felder weit. Ein wenig begleitet man – mit etwas Abstand – die Paar (Tour 20), bevor nochmals der Gaumen gekitzelt wird: An einem Hang lockt der **Obsthof Wörle** mit Früchten aus eigenen Plantagen. Darüber, etwas mitzunehmen oder sogar selbst zu pflücken, lässt sich durchaus nachdenken, denn der verbleibende Weg hinüber nach **Friedberg** und zum Zug ist nicht mehr weit. In jedem Fall ist dies eine ziemlich gelungene Art, ein Stück Landleben mit nach Hause zu nehmen. «

Windgeschützt und sonnenverwöhnt reifen die Trauben an einer Scheunenwand.

Unterwegs immer wieder Kirchen, in die sich schauen lässt: St. Johannes in Paar an der Paar.

Der Wald rund um Schloss Blumenthal verspricht Abkühlung an warmen Tagen.

RADELN & GENIEẞEN

S-Bahnhof Altomünster

Vom Bahnhof sieht man schon den Kirchturm in der Ortsmitte, bis dahin sind es auf der Bahnhofstraße 500 Meter.

Durchaus clever: An warmen Tagen im Stallschatten bleiben.

KM 0,5

1 Altomünster

Ums Eck geschaut

Altomünster verdankt einem Wandermönch seinen Namen: Alto ließ sich als Einsiedler zunächst im nahen Wald nieder und gründete später ein kleines Kloster, das bis heute den adretten Mittelpunkt der Marktgemeinde markiert. Das Wasser im Marktbrunnen stammt von der Quelle, die Alto hier vorfand. Direkt nebenan stehen mit dem Kapplerbräu (kapplerbraeu.de) und dem Maierbräu (maierbraeu.de) gleich zwei historische Brauereigasthöfe. Am Marktplatz noch kurz ums Eck geschaut, öffnen sich weitere hübsche (Ein-)Blicke – in den Sankt-Altohof zum Beispiel.

Ein Stück die Herzog-Georg-Straße entlang, dann halblinks der Radausschilderung nach Halmsried folgen.

ETWAS VERSTECK

Morgens noch im Schatten: der Sankt-Altohof in Altomünster.

KM 2,5

2 Koppel
Esel verstehen

I-Ah! – Sind das Anfeuerungsrufe, um beflügelter den kleinen Hügel nach Halmsried hinaufzustrampeln? Der Blick nach links verrät: Hier haben mehrere Esel ihr Zuhause. Seltsam ja, dass dem Tier so oft eher negative Charaktereigenschaften nachgesagt werden. Dumm sei es, zumindest aber ein wenig einfältig. Und vor allem störrisch. Inzwischen ist all das widerlegt. Esel sind umgänglich und klug, und es sind eher wir Menschen, die ihr Verhalten missverstehen. Anders als Pferde flüchten die Tiere nämlich nicht, sondern verharren in einer Situation, analysieren sie, gleichen sie mit ihrer Erfahrung ab und entscheiden, was zu tun ist. In ihrer ursprünglichen Heimat, den Bergen Nordafrikas und Vorderasien, wäre es auch ziemlich gefährlich gewesen, bei Gefahr loszustürmen. Ziemlich clever und weitblickend also. I-Ah!

Weiter auf der kleinen Straße und der Radausschilderung folgen nach Rudersberg, Wollomoos und Sielenbach. Dort an der T-Kreuzung links, gleich wieder rechts über die Ecknach, bald rechts in den Breitenwiesweg.

KM 9,5

3 Ecknachtal
Im ständigen Wechsel

Vor einem alten Bauernhaus in Sielenbach steht eine Bank. Nur zu gut kann man sich vorstellen, wie dort in früheren Zeiten öfter mal jemand saß. Für ein Stündchen, um zu sehen, was im Dorf passiert, durch das sich die Ecknach schlängelt. Der Talgrund ist hier offen, mit Auen und Niedermooren. Seit mehr als 20 Jahren wird im Ecknachtal einiges dafür getan, um die Feuchtwiesen zu sichern. Erste Erfolge nimmt man beim genaueren Hinschauen wahr. Die Wiesen blühen an vielen Stellen bunt und auch der Große Wiesenknopf streckt seine purpurfarbenen Blüten-K(n)öpfe in die Höhe. Und Augen auf, was da fliegt: Vielleicht lassen sich sogar Wasseramsel oder Wespenbussard blicken.

Vor einer alten Stallung an einer Verzweigung zeigt der Radwegweiser zwei Optionen – die rechte/geradeaus führende Variante nehmen; kurz etwas sandig, am Bauernhof wieder auf der Straße. Geradeaus weiter nach Blumenthal.

Weil Sielenbach eine französische Partnergemeinde hat, wähnt man sich im Dorf (fast) an der Seine.

KM 12

4

Schloss Blumenthal

Das gute Leben

Ja, man darf ruhig eintreten in den großen, idyllischen Innenhof von Schloss Blumenthal (www.schloss-blumenthal.de). Die Anlage gehörte mehr als 500 Jahre einem Ritterorden, wurde dann 200 Jahre von Nachkommen der Fugger-Familie bewirtschaftet und war auch schon Altenheim. Seit 15 Jahren ist Blumenthal ein sozial-ökologisches Dorf, in dem heute knapp 50 Erwachsene und zwei Dutzend Kinder leben. Gemeinsam renovierten sie Wohnungen, richteten ein Hotel her und kauften landwirtschaftliche Flächen, um solidarische Landwirtschaft zu betreiben. Ziel: ein gutes Leben für alle. Zentraler Anlaufpunkt für Tagesgäste ist der Biergarten. Gleich daneben, in der Käserei, kann man durch zwei Schaufenster beobachten, wie Ziegenmilch mit Blüten, Kräutern und Gewürzen zu Käse veredelt wird.

In Blumenthal nach links/Westen; unbefestigter Waldweg nach Gallenbach. Im Ort an der T-Kreuzung links und der Radausschilderung nach Laimering, Dasing und entlang der Paar nach Heimatshausen folgen.

Solidarisch (land-)wirtschaften. Auf Schloss Blumenthal.

Auf dem Obsthof Wörle bekommt man kleinere und größere Behältnisse zügig mit Heidelbeeren gefüllt.

KM 26

5

Obsthof Wörle

Den Gaumen kitzeln

Kennt man Blaubeeren bisher nur aus dem Wald und aus den Bergen, dann ist der Besuch des Kulturheidelbeerfeldes in Heimatshausen wahrscheinlich eine Überraschung. Die Büsche hier sind nämlich mehr als einen Meter hoch. Ab Ende Juli hängen die Früchte blau und reif an den Büschen. Wer vorab daran denkt, bringt einen verschließbaren Behälter mit und kann ein paar Beeren pflücken. Fürs Müsli am nächsten Tag, oder um ein, zwei Gläschen Marmelade einzukochen. Die feldfrischen Beeren einfach an dem kleinen Stand zu kaufen ginge natürlich auch, aber das wäre nur der halbe Spaß. Selbst gepflückt schmeckt doppelt gut. Je nach Saison gibt's auch Zwetschgen auf dem Obsthof (www.woerle-obsthof.de). Oder Kirschen, Himbeeren und Mirabellen.

Weiter auf der Straße nach Friedberg, dort der Radausschilderung vorbei an der Wallfahrtskirche Herrgottsruh und geradeaus ins Ortszentrum mit Ludwigstraße und Marienplatz folgen.

KM 30

6 Friedberg

Wer hat an der Uhr gedreht?

In den verwinkelten Gässchen entlang der Stadtmauer kann man sich noch heute wie im Mittelalter fühlen. Und dabei weit über Augsburg schauen, wie von einer Terrasse. Ein durchreisender römischer Kardinal beschrieb Friedberg mal als »einen bayerischen Ort auf einem Berg, wo sie Unmengen von Uhren herstellen«. Insgesamt mehr als 350 Uhrmacher machten vom 16. bis 19. Jahrhundert den Namen Friedberg in ganz Europa bekannt. Irgendwann waren sie jedoch nicht mehr auf der Höhe der Zeit. Andere Uhrwerke, allen voran die der Schweizer Kollegen, liefen präziser oder hatten schlicht den besseren Ruf. An zahlreichen Häusern in der Friedberger Innenstadt kann man heute steinerne Plaketten aufspüren mit dem Namen des jeweiligen Uhrmachers, der einst in dem Haus gelebt und gearbeitet hat.

Den Friedberger Berg runter und der Ausschilderung nach Augsburg-Hochzoll folgen, zum Schluss mit einem kleinen Schlenker abseits der Hauptstraße. Am Bahnhof unter der ersten Gleisbrücke durch und zum zweiten Aufgang zu den Zügen nach München.

EXTRA INFOS:

Durch Friedberg führt auch eine etwa 90-minütige Lauschtour. Dazu einfach die gleichnamige App aufs Smartphone laden oder Equipment im Bürgerbüro im Rathaus ausleihen.

KM 33,5 » ZIEL

Bahnhof Augsburg-Hochzoll

Das Altstadtcafé ist in einem der ältesten Friedberger Häuser – aus dem Jahr 1653 – daheim.

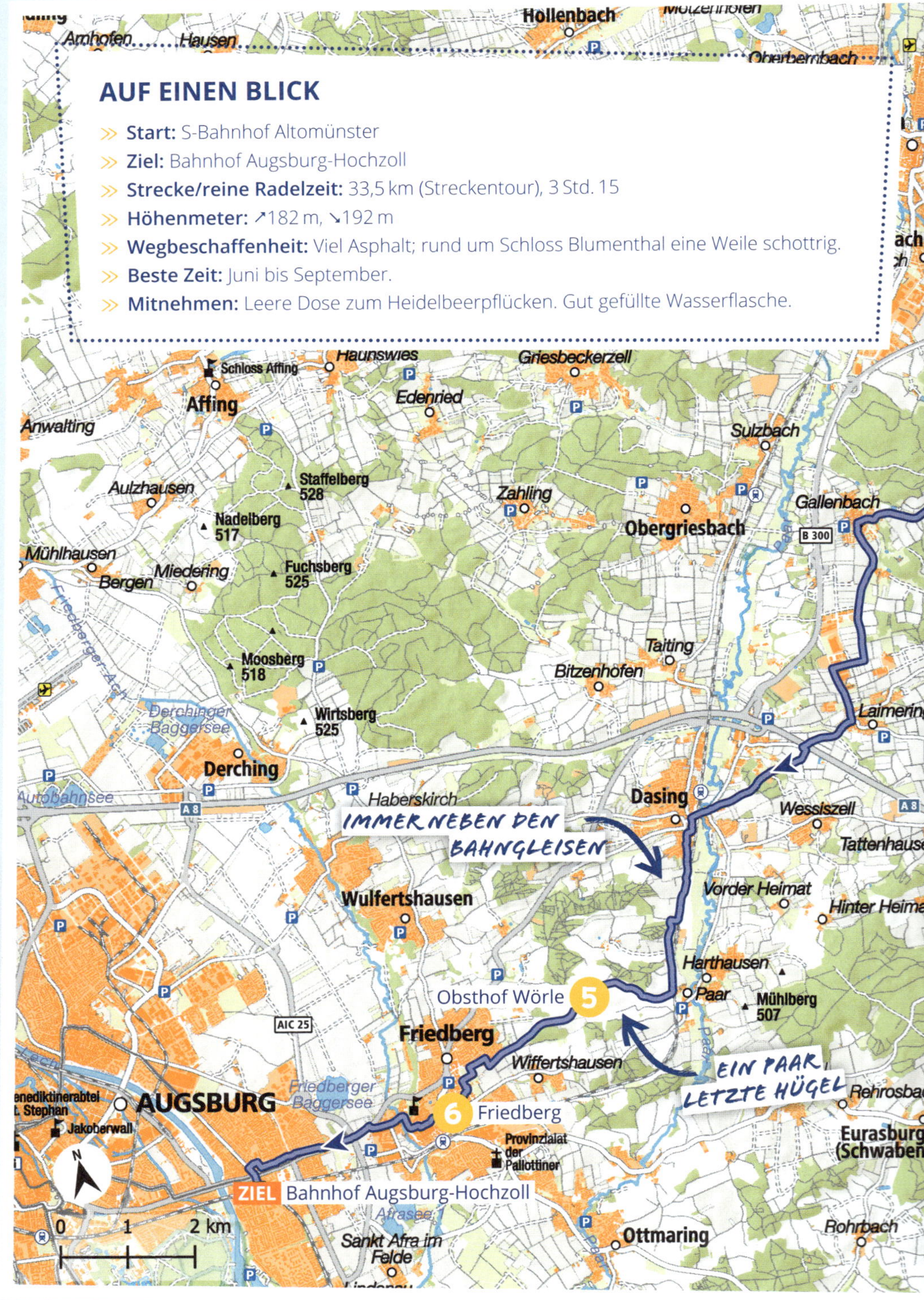

AUF EINEN BLICK

- **Start:** S-Bahnhof Altomünster
- **Ziel:** Bahnhof Augsburg-Hochzoll
- **Strecke/reine Radelzeit:** 33,5 km (Streckentour), 3 Std. 15
- **Höhenmeter:** ↗182 m, ↘192 m
- **Wegbeschaffenheit:** Viel Asphalt; rund um Schloss Blumenthal eine Weile schottrig.
- **Beste Zeit:** Juni bis September.
- **Mitnehmen:** Leere Dose zum Heidelbeerpflücken. Gut gefüllte Wasserflasche.

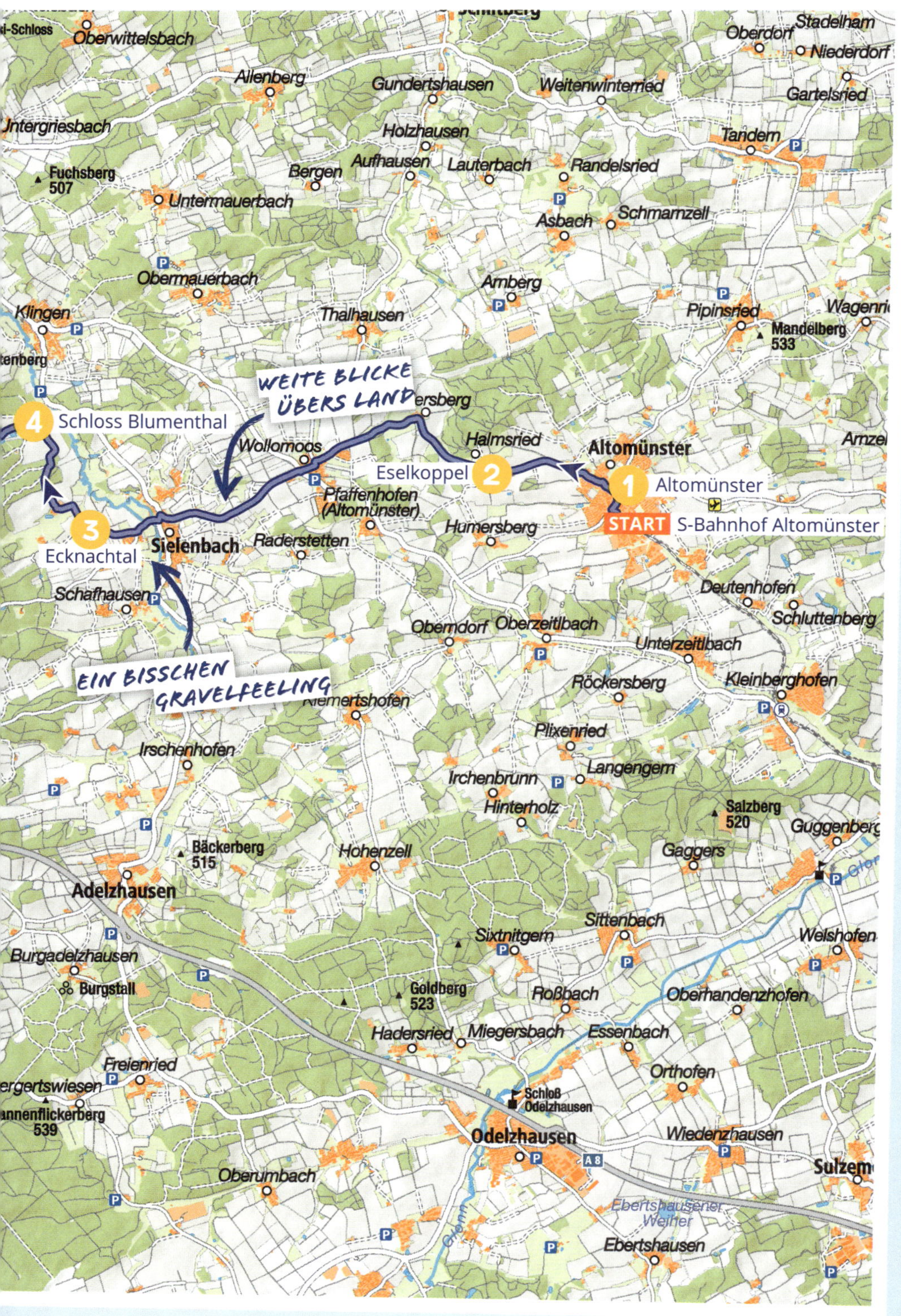

START
S-Bahnhof Altomünster
1 Altomünster
2 Eselkoppel
3 Ecknachtal
4 Schloss Blumenthal
WEITE BLICKE ÜBERS LAND
EIN BISSCHEN GRAVELFEELING
Oberwittelsbach
Allenberg
Gundertshausen
Weitenwinterried
Oberdorf
Stadelham
Niederdorf
Gartelsried
Holzhausen
Tandern
Fuchsberg 507
Bergen
Aufhausen
Lauterbach
Randelsried
Untermauerbach
Asbach
Schmarnzell
Obermauerbach
Arnberg
Klingen
Thalhausen
Pipinsried
Mandelberg 533
Halmsried
Altomünster
Wollomoos
Pfaffenhofen (Altomünster)
Humersberg
Sielenbach
Raderstetten
Deutenhofen
Schluttenberg
Schafhausen
Oberndorf
Oberzeitlbach
Unterzeitlbach
Röckersberg
Kleinberghofen
Plixenried
Irschenhofen
Irchenbrunn
Langengern
Hinterholz
Salzberg 520
Guggenberg
Bäckerberg 515
Hohenzell
Gaggers
Adelzhausen
Sittenbach
Sixtnitgern
Welshofen
Burgadelzhausen
Burgstall
Goldberg 523
Roßbach
Oberhandenzhofen
Hadersried
Miegersbach
Essenbach
Freienried
Orthofen
Schloß Odelzhausen
Odelzhausen
Wiedenzhausen
A 8
Oberumbach
Ebertshausener Weiher
Ebertshausen
Glonn

DIE RADELPAUSEN

» START
S-Bahnhof Erdweg

KM 3,5
1 Arnbach
Es klappert die Mühle …

KM 7
2 Markt Indersdorf
Ausgiebig plaudern

KM 17

Altes Bauernland
Schöner schauen

19 STILLER CHARME

Im Dachauer Hinterland

Dürfen's ein paar sanfte Hügel sein? Viel Platz und weiter Horizont? Eine Runde ohne großes Tamtam, dafür mit genussvollem Einkehrschwung im Wirtshaus? Dann bietet es sich an, etwas genauer in den Münchner Nordwesten zu schauen.

DER HORIZONT SO WEIT

Gemeinsam unterwegs sein. Entspannt nebeneinander her radeln. Sich in aller Ruhe austauschen. Dabei immer wieder ein Auge auf die Landschaft ringsum haben. – Im Dachauer Hinterland ist solch ein Radtourideal ziemlich gut zu verwirklichen.

Von dem, was der Tag verspricht, bekommt man schon in der S-Bahn eine Ahnung: Die Bahnlinie zieht sich auf eigenwillige Weise in einem großen Bogen durch das flachwellige Land. Zwar zählt die Gegend zum Speckgürtel der Landeshauptstadt, doch noch immer geht's beschaulicher als anderswo zu. Seit jeher war dies Durchgangsland, abseits großer Verkehrsströme. Früher vor allem Münchens Kornkammer, wovon auch heute noch Mühlen wie die in **Arnbach** erzählen. Mittelpunkt der Landschaft ist **Markt Indersdorf**. Dann bald wieder weite Blicke. Ein **altes Bauernland** mit stillem Charme, in dem vielerorts alles wie geschichtet wirkt: vorn ein flacher Talboden mit Äckern, dann Wiesen, irgendwo ein Dorf, wieder Wiesen und Felder. Bäume, die ein Stück den Horizont begleiten.

LIEBEVOLL GEPFLEGT: HINTER DEM HOLZZAUN DEN ALTEN BAUERNGARTEN BEWUNDERN

Mal ziehen alte Scheunentore die Aufmerksamkeit auf sich, dann wieder die (fast) reifen Birnen und Pflaumen an Bäumen, die niemandem mehr zu gehören scheinen.

Der Spätsommer ist ein besonders guter Moment für diese Tour. Sommersatt liegt dann auch das **Zeitlbachtal** da, im kleinen Weiher am Wegrand quakt, nicht häufiger und lauter als unbedingt nötig, ein Frosch.

Ein Stück weiter **Petersberg**. Klar kann man an dieser Stelle einfach um die Kurve radeln und auf die Zielgerade einbiegen. Doch zumindest, wer gedrungenen, vergleichsweise dunklen mittelalterlichen Kirchbauten etwas abgewinnen kann, würde sich wahrscheinlich später über eine verpasste Gelegenheit ärgern, ein klitzeklein wenig zumindest. Denn es sind nur ein paar (Höhen-)Meter bis zu dem kleinen Portal, das in die romanische Petersberg-Basilika führt. Himmlisch, dieser Platz. Einen ganz und gar irdisch-genussvollen Abschluss findet die Radelrunde in **Erdweg**. «

Mahlkunst trifft Weizendunst – in der Arnbacher Mühle.

Einige wenige Höhenmeter hat die Tour zwar auch, doch meist rollt es sich flach dahin.

Fast scheint es, als seien die Hof-Gefährte farblich perfekt aufeinander abgestimmt.

RADELN & GENIESSEN

»START

S-Bahnhof Erdweg

Nördlich der Gleise bleiben und diesen Richtung Markt Indersdorf folgen. Auf Höhe Arnbach liegt links des Wegs die Meir-Mühle.

KM 3,5

1 Arnbach

Es klappert die Mühle …

Von Hand werden die Mehltüten befüllt und zugekettelt.

Einige Stufen die Laderampe hinauf. »Bitte läuten«, steht neben der Tür, an der ein kleiner Zettel mit den Öffnungszeiten hängt. Ansonsten verrät nichts, dass in der Meir-Mühle auch ein kleiner Mühlenladen eingerichtet ist. In der vierten Generation wird hier gemahlen; bis zu 15 Mahlstufen sind nötig, um aus den Getreidekörnern feines Mehl zu machen. Früher fuhr der Urgroßvater mit dem Pferdefuhrwerk in die Stadt, nach Pasing und München, um dort sein Mehl zu verkaufen. Heute kommen viele, die das regional hergestellte Mehl schätzen, direkt bei der Mühle vorbei. Im Hintergrund rumpeln die Maschinen, in der Ecke werden große und kleine Mehltüten befüllt und verschlossen. Und schnell steht vielleicht die Frage im Raum: Hat ein Kilo Mehl auch Platz in der Fahrradtasche?

Weiter Richtung Markt Indersdorf. Im Ort auf dem Bahnweg durch die Wiesen und über die Glonn ins Ortszentrum.

Wenn sich der kleine Appetit meldet, findet sich in Markt Indersdorf ein Café.

Bis ganz nach Altomünster geht's heute nicht, aber auf Tour 18.

WEITE FELDER, WEITER HIMMEL

KM 7

Markt Indersdorf

2 Ausgiebig plaudern

Kaffee? Warum eigentlich nicht! Die ersten sieben Kilometer sind geradelt, der Tag ist jung und noch entspannter als beim Gemütlich-Nebeneinanderherradeln lässt es sich bei einem Stopp im Café oder in der Eisdiele über alles und die Welt reden.

Bis die angepflanzten Kastanien und Linden erfrischenden Schatten werfen, dürfte es noch ein paar Jahre dauern. Doch an dem Brunnen vor dem Rathaus und auf den Bänken des neugestalteten Marktplatzes von Markt Indersdorf erobern Kinder und Ältere bereits allmählich den wiedergewonnenen autofreien Raum, was sich ausgiebig von der Terrasse des Café Zimtstern (www.cafe-zimtstern.de) beobachten lässt.

Den Radwegschildern folgen, dabei links in den Bahnweg einbiegen. Hinter Wagenried wieder links, der dortigen Radausschilderung nach.

KM 17

Altes Bauernland

3 Schöner schauen

Hinter Markt Indersdorf führt der Radweg in leichten Wellen durch das Land.

Eine gewellte Wiese, dahinter ein gewelltes Maisfeld. Oben auf der ebenso gewellten Horizontlinie alte Bäume. Über allem weiter Himmel. Zwischendrin, wie von einem Maler hineingetupft, immer wieder einzelne Gehöfte oder Weiler.

Es lässt sich förmlich spüren, wie sich die Augen in dieser Landschaft entspannen. Denn statt auf einen kleinen oder großen nahen Bildschirm zu blicken, haben sie hier viel Raum, durch den sie schweifen und wo sie in der Ferne etwas finden können, das ihre Aufmerksamkeit erregt.

In Stumpfenbach an der Kreuzung auf der Hauptstraße rechts halten (Richtung Altomünster), hinter den Bahnschienen links und dem Wegweiser nach Erdweg folgen.

Die romanische Basilika auf dem Petersberg.

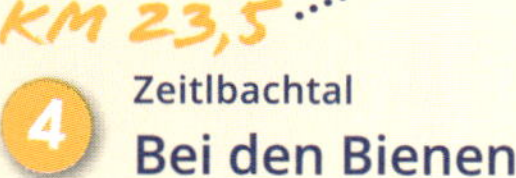

4

Zeitlbachtal

Bei den Bienen

Schon von Weitem spitzt der schlanke Kirchturm von Kleinberghofen in den Himmel.
Hier überquert man auch den Zeitlbach und schwenkt ins untere Zeitlbachtal ein. Früher gab es im Tal viele Imker, sogenannte Zeidler, die am Wachs und Honig der Wildbienen interessiert waren und sich um sie kümmerten. Eine einträgliche Arbeit, denn das Wachs war notwendig zum Herstellen von Kerzen. Wer es sich leisten konnte, verlängerte so vor dem Aufkommen anderer Lichtquellen den Tag. Honig wiederum war zum Verfeinern von Speisen beliebt und hierzulande lange das einzige Süßungsmittel.

In Kleinberghofen über Bahngleise und auf der anderen Seite den Schotterweg entlang. Über die Bahngleise, direkt dahinter hinauf zur Petersberg-Basilika. Für einen Besuch das Rad eventuell einfach unten stehen lassen.

5

Petersberg

Lichtspiele

Auf dem Petersberg, einem bewaldeten Hügel, steht eine schlichte weiß verputzte Kirche (www.der-petersberg.de/basilika). Mitte des 19. Jahrhunderts wäre sie fast schon abgerissen worden. Doch ein ortsfremder Pfarrer erkannte den Wert der aus dem Mittelalter stammenden Basilika, die später barock überbaut worden war. Das Gebäude wurde daraufhin zurückgebaut und restauriert, und heute gilt die Basilika als einer der bedeutendsten romanischen Kirchbauten Altbayerns. Typisch romanisch, sind die Kirchenfenster recht klein. Bei Sonne setzt das durch sie hindurchfallende Licht im Inneren ganz besondere Akzente. Verweilt man ein wenig, sieht man das Licht ganz langsam wandern.

Wieder zurück zur Straße unterhalb der Petersberg-Basilika und weiter bis zur T-Kreuzung. Dort auf den Radweg nach Erdweg.

Farbspiele.

Mit Liebe zum Detail erneuert: das älteste Gebäude von Erdweg.

KM 27

6 Wirtshaus am Erdweg

Was darf's denn sein?

Zum Mittelpunkt eines jeden Dorfes gehörte früher gleich neben der Kirche immer auch das Wirtshaus. Im Wirtshaus am Erdweg (www.wirtshaus-am-erdweg.de) rasteten seit jeher auch Reisende. 1468 erstmals erwähnt, gehört das denkmalgeschützte Gasthaus zu den ältesten weltlichen Gebäuden weit und breit. Vor einigen Jahren hat die Gemeinde es von Grund auf saniert und die Fresken und Wandmalereien erneuert. Der Kulturverein organisiert vor Ort regelmäßig Konzerte, Kunstausstellungen und mehr. Wo nun am liebsten sitzen und genussvoll den Radeltag beenden? Zur Auswahl stehen zwei Stuben mit dezenter Möblierung und auch draußen kann man an beiden Giebelseiten einen Platz finden. Und wer eines Tages mal etwas Größeres vorhat, schaut in den Dachstuhl, wo es einen großen Festsaal gibt.

Vom Wirtshaus ein paar Meter auf der Straße nach Osten, dann zum Bahnhof abbiegen.

KM 27,5 » ZIEL

S-Bahnhof Erdweg

Erfrischende Hollerschorle.

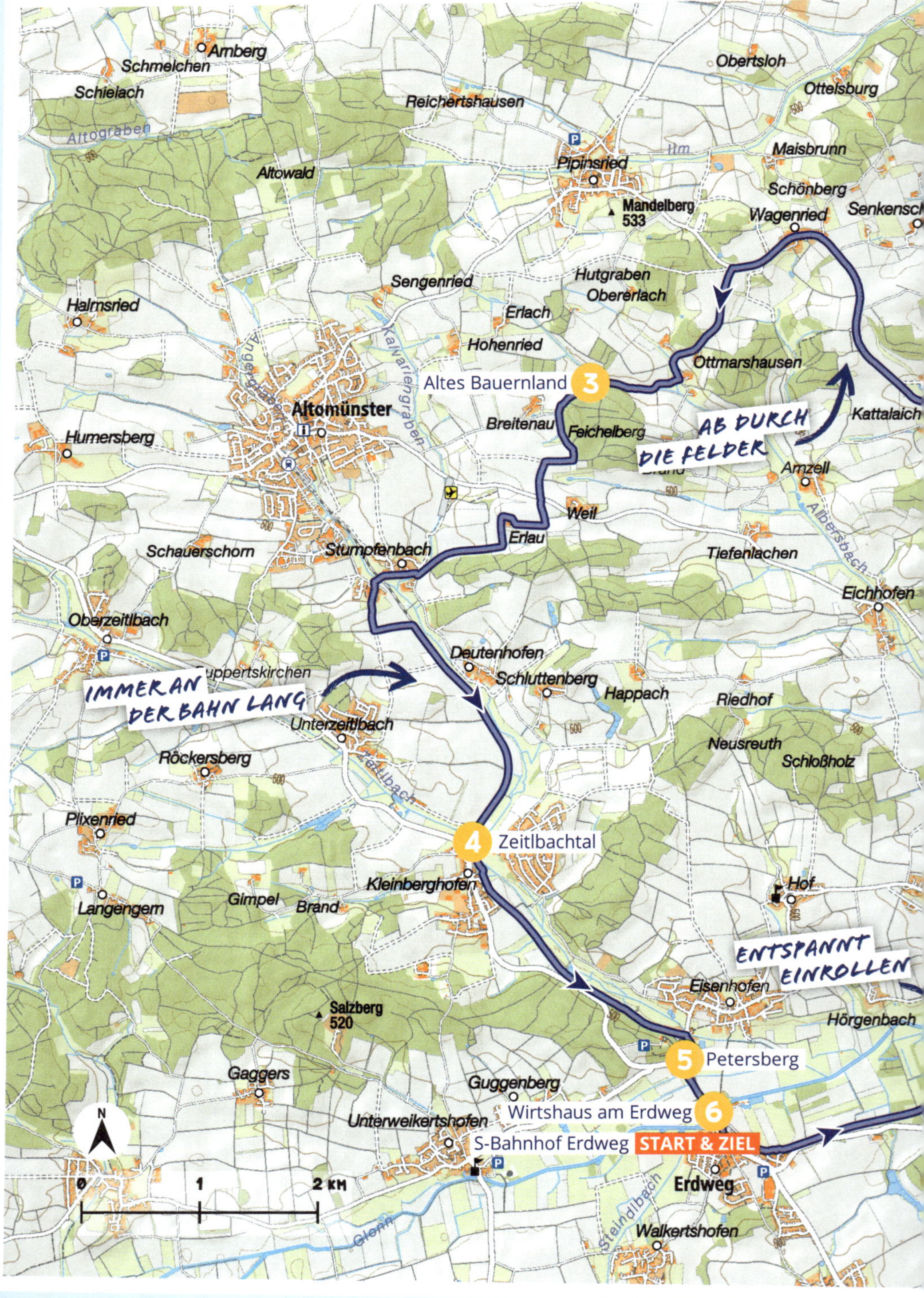

Altes Bauernland
3
AB DURCH DIE FELDER
IMMER AN DER BAHN LANG
4
Zeitlbachtal
ENTSPANNT EINROLLEN
5
Petersberg
6
Wirtshaus am Erdweg
S-Bahnhof Erdweg
START & ZIEL
Altomünster
Erdweg
0
1
2 KM
N

AUF EINEN BLICK

- **Start/Ziel:** S-Bahnhof Erdweg
- **Strecke/reine Radelzeit:** 27,5 km (Rundtour), 2 Std.
- **Höhenmeter:** ↗113 m, ↘113 m
- **Wegbeschaffenheit:** Jeweils zu Anfang und Ende einige gut fahrbare schottrige Kilometer, ansonsten Asphalt. Einzig bei etwa Kilometer 17 ein kurzzeitig etwas rustikaler Abschnitt.
- **Beste Zeit:** Mai bis September, besonders schön im Spätsommer.
- **Mitnehmen:** Vor allem an warmen Tagen genügend Wasser und gegebenenfalls in Markt Indersdorf etwas Proviant auffüllen.

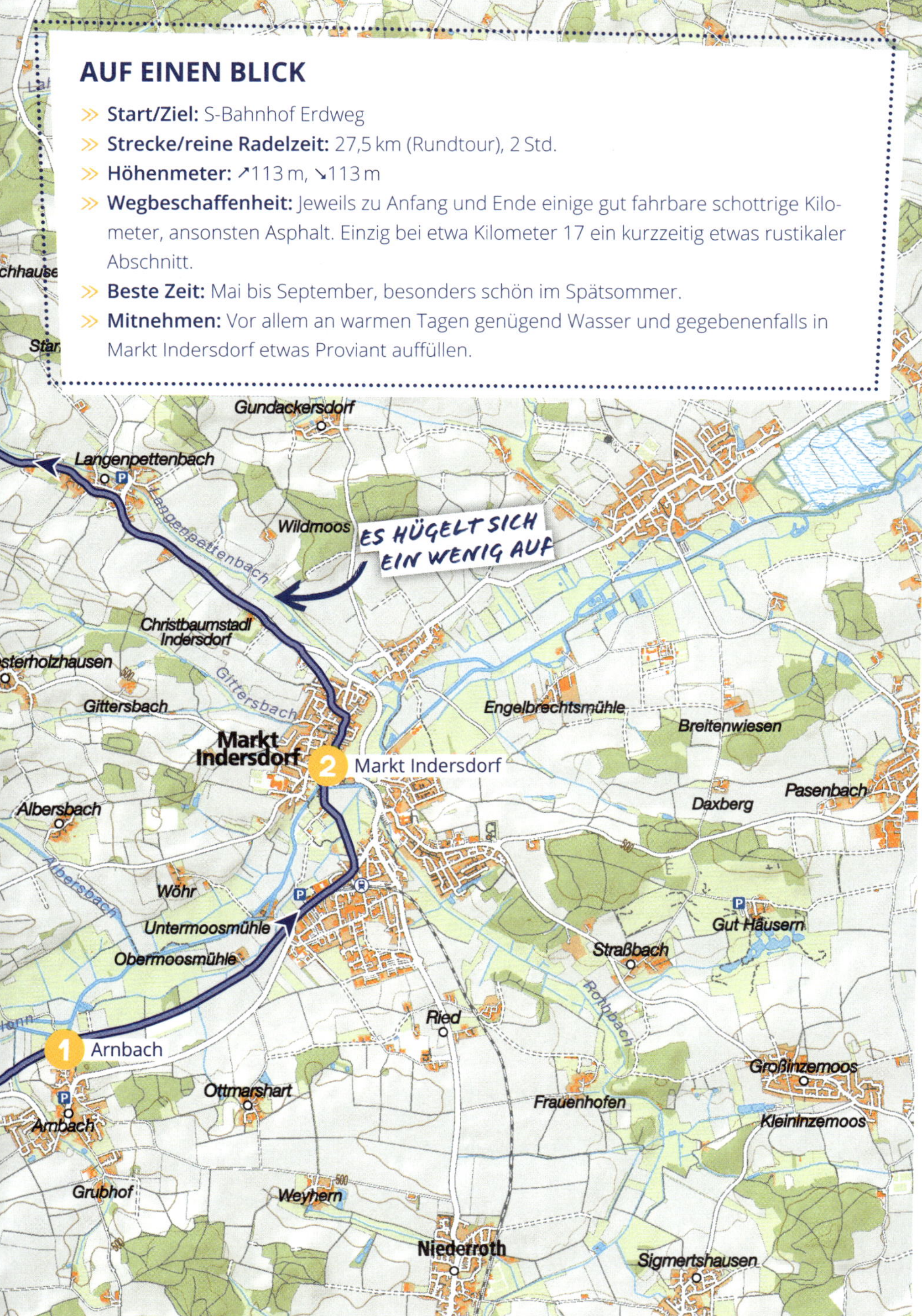

DIE RADELPAUSEN

» START
Bahnhof Geltendorf

KM 1,5
1 Sankt Ottilien
An der Mauer

KM 10,5
2 Kaltenberg
Bei den Rittersleut'

KM 15
3 Steinzeitdorf Pestenacker
In fremden Häusern

20 REISE DURCH DIE ZEIT

Von Sankt Ottilien ins Paartal

Im Frühling, wenn die Radelkarten gänzlich neu gemischt werden und allmählich auch wieder erste T-Shirt-Ausflüge im Sattel anstehen, ist ein guter Moment, um der Paar einen Besuch abzustatten.

KM 18,5
4 Hochfläche
Die Fantasie spielen lassen

KM 21
5 Egling
Etwas Mut sammeln

KM 32
6 Mering
Zum Abschluss Entspannung

KM 33 » ZIEL
Bahnhof Mering

SPÄTFRÜHLING? FRÜH-SOMMER? – AN DIE PAAR!

Morgens ist die Luft noch durchaus frisch. Siebzehn Grad oder ein bisschen mehr ist ja im Frühling etwas ganz anderes als die gleiche Temperatur im Herbst. Die Erde ist noch immer kalt vom Winter und wird sich erst peu à peu aufwärmen. Später am Tag und später im Jahr.

Umso angenehmer, wenn auf den ersten Metern ein wenig die Sonne ins Gesicht scheint. Denn obwohl der Kompass bei dieser Tour eigentlich nach Norden zeigt, geht's erst einmal los in einer Extraschleife entlang einer vor allem mit Birken gesäumten Allee nach Süden zum Kloster **Sankt Ottilien**.

VORAHNUNG VON SOMMER: AM KORNFELD, DAS MIT KLATSCHMOHN UND KORNBLUMEN GESPRENKELT IST

Der Tag verleitet dazu, immer wieder einen ganz besonders tiefen Atemzug zu nehmen. Wonach genau riecht die Luft? Wo sie gerade noch morgenfrisch war, mischen sich bald Düfte von Blüten unter. Später, auf einem baumbestandenen Wegstück oder am Fluss, lässt sich immer wieder auch die Feuchte förmlich riechen.

Damit nicht genug: Schaut man genauer auf diesen Tag, ist er richtiggehend eine Reise durch die Zeit. Mit Mönchen, Rittern und Steinzeitmenschen. Denn auch die nächsten zwei Stopps – **Kaltenberg** und **Pestenacker**, die jeweils nur ein paar gemütliche Radelkilometer auseinander liegen – erzählen ihre ganz eigenen Geschichten.

So kurz die Strecken sind, ein Phänomen ist seltsam. Ganz egal, ob es ein Stück in die eine Richtung an Kornfeldern vorbeigeht oder auf wieder anderem Kurs und mit scheinbar endlosem Horizont über eine Art **Hochfläche** – der Wind kommt immer von vorn. Täuschung oder Fakt? Hat sich das schon mal jemand genauer angeschaut?

In **Egling** an der Paar sind derlei Fragen wieder vergessen. An einem kleinen Gebäude mit grünem Holztor, dem alten Wasserhaus der Gemeinde, will ein Wort in Frakturschrift entziffert werden. »Mouschthaus« steht da, und wenn man erfährt, dass darin eine Saftpresse steht, ist man sich auch sicher, richtig gelesen zu haben. In **Mering** endet die Tour, wie sie begann: mit einer Extraschleife, nun durchs Ortszentrum. «

Fährt den ganzen Tag mit: die Vorfreude auf den kulinarisch-genussvollen Tourausklang.

Am Feldrain: Kornblumen und Mohnblumen sind willkommene Nahrungsquellen für Insekten.

Rat rund ums Rad: die Route führt am Fahrradladen in Steindorf vorbei.

RADELN & GENIEẞEN

» START
Bahnhof Geltendorf

Straße Am Bahnhof nach Osten, durch die Unterführung und Allee zum Kloster Sankt Ottilien, am Klausurgarten kurz bergauf schieben.

KM 1,5

1 Sankt Ottilien

An der Mauer

Rund ums Kloster Sankt Ottilien (erzabtei.de) gibt's eine ganze Reihe besonders schöner Plätze. Einer von ihnen: eine Bank an der südlichen Friedhofsmauer. Dort kann man wunderbar ein wenig sitzen und in die flach abfallenden Wiesen schauen, je nach Wetter mit Alpenblick garniert. Ein friedlicher Ort. Mit wechselhafter Geschichte. So war im Kloster nach Ende des Zweiten Weltkriegs ein sogenanntes DP-Hospital eingerichtet, ein Lazarett für heimatlose Ausländer (*displaced persons*). Behandelt und gesund gepflegt wurden hier zumeist Überlebende aus Konzentrationslagern. Auf dem Friedhof hinter dem kleinen Mäuerchen sind Menschen beerdigt, die trotzdem starben.

***Über einen Feldweg zurück nach** Geltendorf, durch den Ort und bald die Radwegausschilderung (nach Kaltenberg) aufgreifen, in Kaltenberg die Schlossstraße zum Schloss bergauf.*

Vor allem für sein jährlich stattfindendes Ritterturnier bekannt: Schloss Kaltenberg.

Auf dem KZ-Friedhof St. Ottilien. Die meisten der 55 hier Bestatteten waren jüdischen Glaubens.

KM 10,5

2 Kaltenberg

Bei den Rittersleut'

In Kaltenberg kann der Straßenverlauf der Hauptstraße schon ganz schön einschüchternd wirken. Ausweichen lässt es sich rechts auf die Prinz-Heinrich-Straße. Geht man dort nämlich dazu über, der Steigung einfach in Schlangenlinien zu begegnen oder gleich ganz abzusteigen, ist's auch fein. Oben erhascht man einen Blick über eine gepflasterte Brücke zum Schloss Kaltenberg, das vor allem für das Kaltenberger Ritterturnier (www.ritterturnier.de) bekannt ist. Immer im Juli liegen mit Tanz, Musik, Jonglier- und Geschichtenerzählkunst, Met, Rahmfladen und derlei mehr der Duft und Klang des Mittelalters in der Luft. Als Pedalritter*in rollt man am besten abseits der Festivitäten durch diese Kulissen.

Geradeaus über die Hauptstraße und nach Jedelstetten und Unfriedshausen; in einer Kurve – einen Kilometer weiter, wo der Radweg die Hauptstraße trifft – liegt das Steinzeitdorf Pestenacker.

Ins Steinzeithaus in Pestenacker lässt sich, unabhängig von Öffnungszeiten, jederzeit schauen.

KM 15

3 Steinzeitdorf Pestenacker

In fremden Häusern

Halt! Stopp! Nicht so schnell! Trifft man hinter Unfriedshausen wieder auf die Straße, dann nicht gleich geradeaus weiterradeln, sondern mal nach links in die Kurve schauen. Dort hat sich ein in Originalgröße nachempfundenes Wohnstallhaus aus der Jungsteinzeit scheinbar weggeduckt. Erst mal scharf nachdenken (oder auf die Infotafel schauen): das ist die Zeit vor 5500 Jahren. Damals hat eine Gruppe von Menschen diesen Platz als besonders geeignet auserkoren, um sich hier niederzulassen. In den beiden schummrigen Räumen des reetgedeckten Hauses fragt man sich vielleicht vor allem, wie kalt es wohl im Winter hier war. Überraschend angenehm, wie sich – neben vielen anderen Fragen – im Besucherpavillion nebenan in Erfahrung bringen lässt (www.steinzeitdorf-pestenacker.de).

Hinter Pestenacker (Ort) links asphaltiert ins Feld dem Radwegweiser folgen, an der ersten Feldwegkreuzung rechts und den leicht holprigen Feldweg Richtung Egling.

Erfrischung an der Paar.

KM 18,5

4 Hochfläche

Die Fantasie spielen lassen

Schier endlos weit weg scheint der Horizont hier oben zu sein. Auf einer Art Hochfläche betreiben die Menschen schon seit Jahrhunderten Landwirtschaft. Dies ist ein weites, offenes Land, das keinen Schutz bietet. Weder vor Wind und Wetter, noch vor Feinden. Wurden auch hier wie auf dem nahen Lechfeld Schlachten geschlagen? Kleine Fehden ausgetragen? Die Imagination reicht so weit wie der Himmel über dem Land.

Kurz vor Egling links der Paar bleiben und am Ortsrand auf dem Fuß- und Radweg das Flüsschen entlangkurven.

Weites Ackerland bei Egling.

KM 21

5 Egling

Etwas Mut sammeln

Unten im Paartal ist der Frühlingswind schnell vergessen. Gut geschützt zwischen Häuschen mit kleinen Gärten und dem schmalen buschgesäumten Flusslauf radelt es sich entspannt. Zwischen den Büschen, die ab Mai vor Grün nur so strotzen, locken immer wieder auch kleine Zugänge ans Ufer. Ein Fuß auf festem Boden, den anderen auf einem großen wasserumspülten Stein, lässt sich das Wasser ganz gut antesten. Und bei nächster Gelegenheit könnte man sogar den Mut zusammennehmen, schon mal die Hose hochkrempeln und die Zehen ins kalte Nass tauchen. Solange die dann wieder trocknen, macht man direkt eine etwas ausgedehntere Pause und packt ein paar Nüsse oder anderen Zwischendurch-Proviant aus.

Der Radausschilderung nach Norden und damit nach Mering folgen.

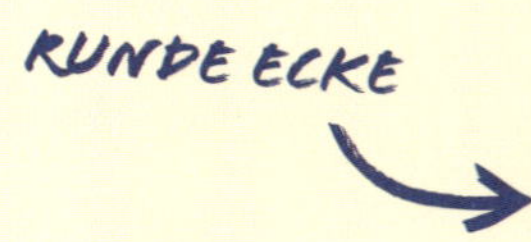

KM 32

6 Mering

Zum Abschluss Entspannung

Zu wissen, dass regelmäßig – und zwar etwa alle halbe Stunde – eine Regionalbahn Richtung München fährt, ist eine ziemlich gute Ausgangslage für einen entspannten Abschluss der Radtour. So kann man sich nämlich noch ein wenig in Mering und dabei vor allem am Marktplatz umschauen. Eine gut sortierte Buchhandlung, eine kleine Eisdiele und ein Traditionswirtshaus, dazu ein Maibaum und der Blick auf die Pfarrkirche St. Michael sowie einige hübsche Hausgiebel – dies ist ein charmantes Ortszentrum, in dem man (noch) über den Durchgangsverkehr hinweggucken muss und wo es schon bald mehr Grün geben soll.

Über Kirchplatz und Luitpoldstraße zum Bahnhof.

EXTRA INFOS:

Im **Steinzeitdorf Pestenacker** (Stopp 3), das Teil des Weltkulturerbes Prähistorische Pfahlbauten um die Alpen ist, sind so außergewöhnliche Objekte wie die Nachbildung des ältesten Huts Bayerns ausgestellt. Um selbst zu erleben, wie aufwendig die Herstellung von Dingen damals war, gibt's immer wieder auch Workshops, in denen man Schmuck herstellen oder Farben aus der Natur gewinnen kann.

KM 33 » ZIEL

Bahnhof Mering

Über dem Marktplatz von Mering: Das Torhaus und die Pfarrkirche St. Michael.

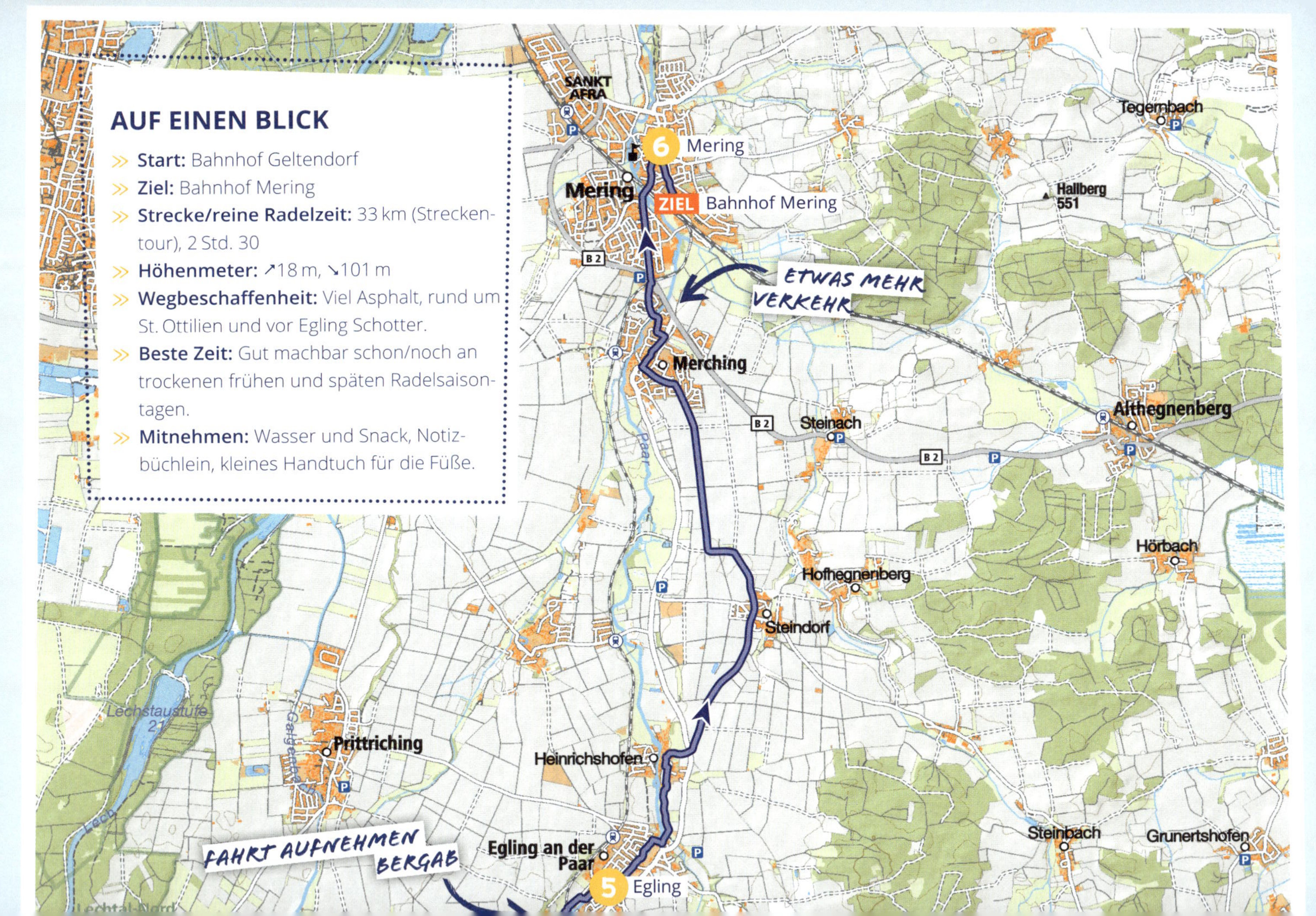

AUF EINEN BLICK

- **Start:** Bahnhof Geltendorf
- **Ziel:** Bahnhof Mering
- **Strecke/reine Radelzeit:** 33 km (Streckentour), 2 Std. 30
- **Höhenmeter:** ↗18 m, ↘101 m
- **Wegbeschaffenheit:** Viel Asphalt, rund um St. Ottilien und vor Egling Schotter.
- **Beste Zeit:** Gut machbar schon/noch an trockenen frühen und späten Radelsaisontagen.
- **Mitnehmen:** Wasser und Snack, Notizbüchlein, kleines Handtuch für die Füße.

4 Hochfläche
Scheuring
Dünzelbach
Pestenacker
Walleshausen
Moorenweis
Eismerszell
3 Steinzeitdorf Pestenacker
Beuerbach
Hausen
Kaltenberg
2
AUF NEBENWEGEN
Kaltenberg
Spitzer Weiher
Geltendorf
Petzenhausen
Weil
Geretshausen
Schwabhausen
Türkenfeld
START
Bahnhof Geltendorf
FOTOGENE ALLEE
1 Sankt Ottilien
Sankt Ottilien
Dachsenberg 611
Epfenhausen
Untermühlhausen
Oberbergen
Eresing
Pflaumdorf
Ramsach
Kreuzberg 655
Kirchberg 642
N
0
1
2 km

AUCH NOCH GANZ NÜTZLICH

ORTSREGISTER

IMPRESSUM

» **Text:**
Nadine Ormo

» **Cover- und Buchgestaltung:**
Carolin Weidemann, Köln, www.weidemann-design.com

» **Lektorat & Produktion:**
Verlagsbüro Wais & Partner, Stuttgart, www.wais-und-partner.de

» **Fotos:**
Nadine Ormo, München, www.alpenkontor.de; (Titelfoto sowie Fotos auf den S. 10, 11, 28, 30, 51, 59, 60, 98, 124, 127–129 mit freundlicher Genehmigung der Bayerischen Schlösserverwaltung, www.schloesser.bayern.de)

» **Kartografie:**
©KOMPASS-Karten GmbH, kompass.de unter Verwendung von ©OpenStreetMap Contributors, osm.org/copyright

» **S. 222 / 223:**
Marie Geißler (Illustration), Jens Bey (Text)

Printed in Poland

1. Auflage 2023

ISBN 978-3-616-03199-6

www.dumontreise.de

FSC www.fsc.org MIX Paper from responsible sources FSC® C139602

RECHTS ODER LINKS? IMMER WISSEN, WO'S LANGGEHT!

» TOURENVERLAUF
GPX-Daten zum kostenlosen Download
www.dumontreise.de/radelzeit/muenchen

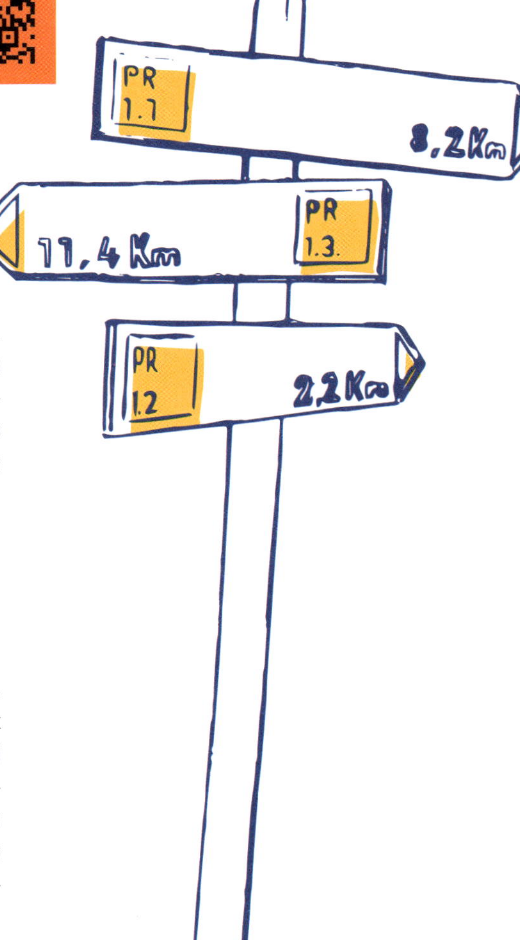

GPX-DOWNLOAD AUFS SMARTPHONE – SO GEHT'S

» **Voraussetzung:**
Eine Outdoor-App muss installiert sein, z.B. KOMPASS, Outdooractive oder Komoot. Zum Einlesen des QR-Codes benötigen ältere Android-Geräte eine QR-Code-App. Bei neueren Android- und iOS-Geräten ist diese Funktion in der Kamera integriert.

» **Daten downloaden:**

1. Den QR-Code einlesen oder die Webadresse im Browser eingeben, um auf die Radelzeit-Website zu gelangen.
2. Die gewünschte Tour zum Download anklicken.
3. Bei iOS-Geräten werden die GPX-Daten direkt mit der vorab installierten App verknüpft. Bei Android-Geräten muss ggf. noch ein Weiterleiten-Button geklickt werden (z.B. oben rechts im Display). Manche Apps zeigen den Tourverlauf starr an, andere haben eine Navigationsfunktion dabei.

WEITERRADELN ...

ISBN 978-3-616-03197-2

ISBN 978-3-616-03195-8

ISBN 978-3-616-03189-7

ISBN 978-3-616-03196-5

ISBN 978-3-616-03188-0

ISBN 978-3-616-03198-9

ISBN 978-3-616-03192-7

ISBN 978-3-616-03194-1

Noch mehr Radelinspiration gibt's im gut sortierten Buchhandel und unter www.dumontreise.de

YOGA FÜR DAVOR UND DANACH

SCHMETTERLING

» Setze dich auf den Boden und lege die Unterseiten deiner Füße aneinander, indem du die Knie nach außen fallen lässt. Nun langsam, ohne viel Kraft, nach vorne lehnen und die Füße mit den Händen umschließen. Entspannt drei Minuten in der Position bleiben, langsam und tief durch die Nase ein- und ausatmen. Um die Übung zu verlassen, die Hände neben bzw. hinter den Körper legen, langsam ein Bein nach dem anderen ausstrecken und nach vorne bringen.

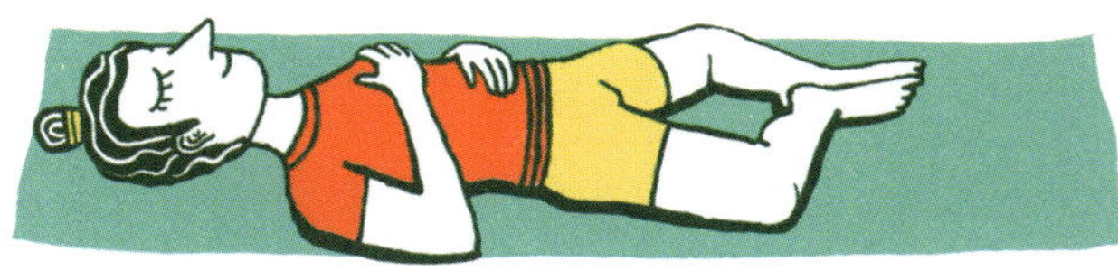

HÖR AUF DEIN HERZ

» Lege dich rücklings auf den Boden, ziehe die Knie an und stelle die Füße flach auf den Boden. Lass jetzt die Knie zur Seite fallen und bring die Fußsohlen zusammen. Lege eine Hand auf deinen Bauch und eine Hand in die Nähe deines Herzens. Schließe deine Augen, atme tief ein und aus und halte die Position mindestens 30 Sekunden lang.

KATZENBUCKEL

» Gehe auf alle viere, die Knie direkt unter der Hüfte. Handgelenke, Ellenbogen und Schultern liegen auf einer geraden Linie, die Arme sind gestreckt, der Kopf in Verlängerung des Rückens mit Blick nach unten. Mache mit dem Ausatmen den Rücken rund, der Kopf geht Richtung Boden, wird aber nicht auf die Brust gepresst. Während des Einatmens wandert dein Bauchnabel in Richtung Boden, hebe gleichzeitig den Kopf. Wiederhole die Übung mehrmals.

ZURÜCKGELEHNT

» Knie dich auf den Boden, mit den Oberseiten deiner Füße auf dem Boden. Bring die Knie zusammen, dein Gesäß geht langsam zum Boden, deine Füße rutschen zur Seite und kommen neben deinen Hüften zu liegen. Schiebe mit den Händen deine Oberschenkel nach innen, lehne dich zurück auf deine Unterarme und lege den Oberkörper langsam ab. Halte die Position für mindestens 30 Sekunden.

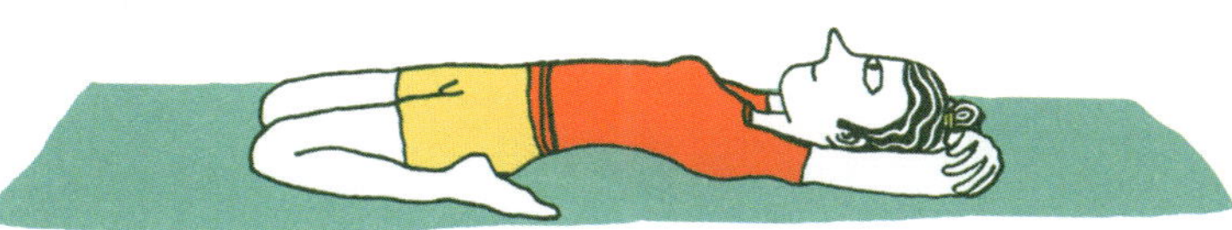

DIE PERFEKTE TOUR …

#FÜR SONNENHUNGRIGE

Gemütliches Nebeneinanderherfahren und viel Sonne im Gesicht verspricht eine kurze Runde durchs Dachauer Hinterland.

» **TOUR 19, S. 194**

#FÜR NEUGIERIGE

Wie Flüsse erzählen? Mit ihren Ufern! Etwas genauer hingeschaut, lässt sich an ihnen vieles über eine Region erfahren.

» **TOUR 8, S. 84**

#FÜR WASSERRATTEN

Bike'n'Swim, wie es im Buche steht. Erst in die Pedale treten, dann im Moorsee baden. Und sich zum Schluss in der Isar treiben lassen.

» **TOUR 15, S. 154**

#FÜR LECKERMÄULER

Auf Seegarten folgt Café folgt Badekiosk. Und immer wieder entdeckt man auch kleine Buchten und lauschige Ecken für eine mitgebrachte Brotzeit.

» **TOUR 12, S. 124**

#FÜR FAULE

Entspanntes Radeln am Stadtrand – immer entlang von Kanälen und so brettlflach, wie's in der Münchner Schotterebene nur geht.

» **TOUR 2, S. 24**